es 1553

edition suhrkamp

Neue Folge 553

»Walser ist der einzige bedeutende Autor der Bundesrepublik, der die dramatische Gegenwärtigkeit der vielfach in die ungewisseste Zukunft verschobenen deutschen Frage auszusprechen wagte, *bevor* die politische Entwicklung sie bestätigte«, so die FAZ am 6. November 1989.

Genau seit zehn Jahren beschäftigt sich Martin Walser mit der »geschichtlichen Überwindung des Zustands Bundesrepublik«. Wie zutreffend er in seinen Analysen das Gefühl des Verlustes und das Bewußtsein einer anderen Möglichkeit der politisch-kulturellen Existenzform der Deutschen analysiert hat und analysiert, belegen die jüngsten Ereignisse in der DDR. Der vorliegende Band der edition suhrkamp versammelt die Stellungnahmen Martin Walsers beginnend mit dem 1979 zuerst publizierten Text »Händedruck mit Gespenstern« bis zu »Kurz in Dresden« aus den Oktobertagen des Jahres 1989. Die Lektüre dieser Texte zeigt, daß Martin Walser, indem er die Hinnahme des historisch Gegebenen verweigert, bereits frühzeitig die Möglichkeiten des aktuellen historischen Prozesses antizipierte.

Zuletzt erschienen von Martin Walser in der edition suhrkamp *Selbstbewußtsein und Ironie* (es 1090) und *Geständnis auf Raten* (es 1374).

Martin Walser
Über Deutschland reden

Suhrkamp

Erweiterte Neuauflage

edition suhrkamp 1553
Neue Folge Band 553

Erstausgabe

Satz: Hümmer, Waldbüttelbrunn
Druck: Ebner Ulm
Umschlagentwurf: Willy Fleckhaus
Printed in Germany

2 3 4 5 6 – 95 94 93 92 91 90

Inhalt

Händedruck mit Gespenstern

Mich wundert die moralische Ermüdbarkeit. Auch wenn ich, als ich mich noch frischer fühlte, ein Heuchler gewesen sein sollte, so halte ich es nicht für eine angenehme Entwicklung, daß ich jetzt immer weniger Lust oder Kraft zur Heuchelei habe. Das Heucheln – also die Zeit, in der ich an mich und andere größere Ansprüche stellte – war, glaube ich, menschenfreundlicher als das nachgiebige Verkommen, das ich jetzt erlebe. Es ist ein Verwildern ohne den Natur-Reiz, den ein Garten, den man aufgibt, dadurch gewinnt. Manchmal sieht es so aus, als gehe es jetzt auf das schlechthin Unkultivierte zu, auf das Böse. Es könnte einen – antizipativ – schütteln.

Geht es vielen so? Ergibt die Summe das, was man Tendenzwende nennt? Wie erkläre ich mir meine neueste Neigung? Kann ich mich noch wehren oder muß ich da durch? Muß ich mich jetzt auch fein werden lassen vor Ekel möglichst gegen andere? Muß ich auch in diese autoerotischen Babybewegungen verfallen und sie sprachlich trockenlegen? Und in den Titanic-Belcanto einstimmen? Und das allseits Komische dieser wohlsituierten Unglückspflege einfach verschweigen? Ja. Man gehört dazu. Man sollte sich nicht als etwas Besonderes vorkommen. Aber jetzt dazugehören heißt, sich als etwas Besonderes vorkommen. Komme ich mir als etwas Besonderes vor? Diese Frage in der ersten Person Singular mit Nein zu beantworten ist überflüssig.

Es geht um den persönlichen Anteil, den Äußerungen,

die in der ersten Person getan werden, haben (sollen) oder nicht haben (sollen).

Wenn man als Mitarbeiter an der öffentlichen Meinung jahrelang eine gesellschaftliche Ausdrucksweise anstrebt (im Gegensatz zu einer narzißtischen), besteht die Gefahr, daß sich die Ausdrucksweise verselbständigt und mit dem, der sie praktiziert, immer weniger zu tun hat.

Es empfiehlt sich, vorübergehend in der dritten Person zu bleiben. Eben weil Weitergehendes in der ersten Person leicht unglaubwürdig wirkt. Also: Einer kann die Meinungen, die er öffentlich geäußert hat, nicht zurücknehmen, aber er kann sie auch nicht mehr so vortragen wie etwa zehn Jahre vorher. Seine Meinungen und er sind einander ein bißchen fremder geworden. Er denkt nicht in eine andere Richtung als zehn Jahre vorher, aber er ist unempfindlicher geworden gegenüber den Schwierigkeiten, in die seine politischen Hoffnungen geraten sind. Seine Ansichten müssen sozusagen ohne ihn auskommen. Er tut fast nichts mehr, um die Entwicklung unserer Gesellschaft zur Demokratie als Meinungsvertreter befördern zu helfen. Selbst Hilferufe der Opfer noch amtierender Diktaturen läßt er manchmal einfach auf dem Schreibtisch liegen, bis die Papiere vergilbt sind; dann wirft er sie weg. Immer wieder empfindet er deutlich genug, daß er sich auch an Hilfsaktionen für Horst Mahler beteiligen müßte. Mahler sitzt als Opfer eines Unrechts-Urteils im Gefängnis. Man weiß es. Aber man kann sich nicht aufraffen. Daß der nichts als schriftliche Protest vielleicht wirkungslos ist, hat einen vor zehn Jahren nicht gehindert, sich ihm anzuschließen. Jetzt reiht er sich also offenbar ein in die Schar der Intellektuellen, die ihrem Gesicht einen nichts als persönlichen Ausdruck zu geben versuchen. Offenbar hat die Ichsucht, diese lebenslängliche Kinderkrankheit der Intellektuellen, in ihm zugenommen. Das stört das Bild, das er von sich hat. Die Reaktionen anderer haben ihn ihm als »linken Intellektuellen« vorgestellt. So einer sollte wenn auch nicht immun, so doch nicht völlig wehrlos sein gegen die Ichsucht. Will er doch Demokrat mit Anspruch auf Verwirklichung, also Sozialist sein. Er ist nicht von solchen Etiketten ausgegangen, sondern von Erfahrungen, die bedingt sind durch Jahrgang und Herkunft. Jahrgang und Herkunft disponieren ihn zum Demokraten mit Verwirklichungsanspruch, also zum Sozialisten. So muß er noch immer sein Fähnlein benennen. (Wie schonend, das nicht in der ersten Person sagen zu müssen.) Und trotzdem setzt er sich praktisch nicht mehr ein für etwas; er merkt sogar, daß in ihm ein Abstand entstanden ist zu sich. Ohne daß er seine oft genug veröffentlichten Meinungen widerrufen oder auch nur korrigieren möchte oder könnte – also den Drang, sich jetzt lustig zu machen über das, was er vor zehn Jahren dachte, und über die, die ihn damals ernst nahmen, hat er nicht, da steht er einem bedeutenden Kollegen bedeutend nach –, er muß doch zugeben, daß seine veröffentlichten Meinungen ihn nicht ganz enthalten. Also stimmen sie nicht. Viel von seinem Bewußtsein ist in diese veröffentlichten Meinungen nie eingegangen. Ein selbstverschuldeter Samisdat ist entstanden in ihm. Das ist inzwischen so deutlich geworden, daß er seit langem das Gefühl hat, er verschweige etwas. Aber kann man denn immer ALLES sagen? Wen, wenn es jeweils um einen bestimmten, meistens aktuellen Aspekt unserer Entwicklung zur Demokratie geht, interessiert denn der noch so mächtige persönliche Rest? Ich stelle diese Frage jetzt, weil unsere öffentliche Meinung, wenn es allen so ginge wie ihm bzw. mir, ein ziemliches Kunstgebilde bzw. ein ziemlich künstliches Gebilde sein könnte. Nach *Gott* haben wir nichts Wichtigeres mehr gehabt als *Öffentlichkeit*. Deshalb müßte uns daran gelegen sein, daß die öffentliche Meinung, die von Wissenschaftlern als Legitimationsquellgebiet unserer politischen Kultur angesehen wird, voller Wirklichkeit ist und nicht immer mehr ein Produkt des Lippengebets von bezahlten Gebetsspezialisten. Inwieweit sind wir noch drin in unserer öffentlichen Meinung? Wenn einer von uns andauernd Kommentare zur Außenpolitik schreibt oder Theaterkritiken oder Artikel über Atomkraftwerke oder Aufsätze über nichts als Theologisches, nichts als Sport oder nichts als Musik, nichts als Wirtschaftspolitik..., was hat er dann mit dem Geschriebenen noch zu tun? Was geht es ihn noch an? Wächst nicht das Verschwiegene mit jedem Veröffentlichten immer mehr an? Und was wäre das dann für eine demokratische Entwicklung? Oder ist dieser Unterschied zwischen Veröffentlichtem und Verschwiegenem unproblematisch? Oder setzen sich unsere wirklichen Verhältnisse in unseren Meinungen einfach immer von selbst durch, so daß wir uns deswegen keine Sorgen machen müssen? Marx hat, heißt es, auf so etwas gebaut. Die öffentliche Meinung in den östlichen Staaten beweist in ihrer aberwitzigen Gemachtheit noch krasser als unsere künstliche Vielfalt, daß die Entwicklung zur Demokratie Nerven und Jahrzehnte kosten kann, ohne daß man dann in einer Zielrichtung auch nur im geringsten weitergekommen ist. Die öffentliche Meinung war dann gar keine. Kein Prozeß, der demokratisch genannt zu werden verdient, scheint in Gang gewesen zu sein. Das scheint so, wenn wir urteilen nach dem, was die Medien erscheinen lassen. Zum wirklichen Ausdruck der Lage gehört immer der Samisdat. Bei uns hat jeder, wenn mein Fall typisch ist, seinen eigenen Samisdat. Bevor ich versuche, dem meinen mit Geständnissen näherzukommen, muß der Schaden erwähnt werden, der entstünde, wenn unsere öffentliche Meinung ein von Mandarinen gemachtes und verwaltetes Routineding ist. Pluralismus als Fleckerlaufbahrung, das ist unser Ideal. Möglichst viele Farben möglichst folgenlos, möglichst öffentlich: so unser Presse-Credo. Demokratische Entwicklung gediehe, glaube ich, nur dann, wenn wirkliche Widersprüche wirklich öffentlich werden könnten. Aber zwischen zwei Leitartiklern, die einander entgegengesetzte Standpunkte vortragen, entsteht nie ein wirklicher Widerspruch, da ihre Leitartikel das Wichtigste gemeinsam haben: sie sind in erster Linie Leitartikel, so wie Schimmel und Rappe in erster Linie Pferde sind. Da gibt es keinen wirklichen Widerspruch. Den gäbe es, hoffe ich, wenn ein Leitartikel selber einen Widerspruch enthielte. Wenn er mit sich selbst im Streit läge. Dann könnte er auch mit einem anderen im Streit liegen. Aber ein Artikel, der mit sich selbst im Streit läge, wäre kein Leitartikel mehr. Eine Theaterkritik, die den Kritiker wirklich enthielte, gälte nicht mehr als eine Theaterkritik. Und eine aus lauter monochromen Partien bestehende öffentliche Meinung täuscht Vielfalt vor, wie die östliche veröffentlichte Meinung Öffentlichkeit vortäuscht. Die Öffentlichkeit dort kommt mir vor wie ein Kabinettsprodukt. Unser Pluralismus hat so viel Wirklichkeit wie ein in einem Disney-Atelier gezeichneter Dschungel Natur: in solchen Ateliers gibt es ja auch Spezialisten für Tigertatzen, Samtpfoten, Wolken und Veilchen; aber alles ist eben just animated.

Berufenere haben längst festgestellt, welche Gefahr unserer öffentlichen Meinung daraus erwächst, daß sie unter dem Einfluß von Gruppen- und Klasseninteressen entsteht. Ich meine jetzt nur die Gefahr, die dem notwendigen Realismus davon droht, daß jeder von uns durch einen Spezialvorbehalt sein Eigentliches oder ein Eigentliches immer verschweigt. Es gehört nie hierher.

Meine Entwicklung zum Borniertsein, zum Beispiel. Wobei ich diese Entwicklung bisher verschwieg, weil sie, wie ich fürchten muß, Borniertheit genannt werden kann.

Dafür wieder die mildernde, die dritte Person: Es handelt sich um etwas, das ihm bevorsteht. Was ihn schon eingenommen hat. Aber er stimmt ihm noch nicht ganz zu. Manchmal wehrt er sich noch dagegen. Dann versucht er, was ihm passiert, wieder zu legitimieren. Er weiß nicht, ob es am Wetter, am Essen oder an der ersten Seite seiner Tageszeitung liegt: manchmal schämt er sich seiner Entwicklung und versucht sie gänzlich zu unterdrücken; manchmal verteidigt er sie vehement gegen die besorgten oder beißenden Argumente des Freundes. Zum Beispiel so: Ja, darf denn das Bewußtsein nicht sein, wie es nach allem, mehr unwillkürlich als willkürlich, geworden ist? Tut er etwas anderes, als dem Bewußtsein zu gestatten, daß es sich auf seine Lage einpendle? Endlich keine Kritik mehr der eigenen Neigung, sondern Zustimmung zur bisher ununterbrochen bekämpften Neigung. Zulassung des Widerspruchs, endlich! Ein plötzliches Einlassen jahrelang bekämpfter, immer auf Einlaß drängender Gedankengespenster und Meinungsmonster. Das hieße aber, verschwiegen sein. Er dürfte bald keinem mehr sagen, was er »wirklich« meint. Hat er das je getan? Er hat die Teufel vor seinen Fenstern und Türen und Schlüssellöchern und Türritzen doch immer gesehen, hat sie immer bekämpft, abgewehrt. Aber er hat nie erwähnt, daß sie ihn belagern, bedrohen. Er hat getan, als sei er schon fein heraus! Als enthalte er nicht selber noch alle Übel, die er bekämpft! Er wollte ein Posten des Fortschritts sein, der Annäherung an Humanität. Er lebte in gespanntem Zustand. Zwischen niederziehenden Atavismen und dem zeitgenössischen Bedürfnis, das schlimme Erb- und Traditionszeug loszuwerden. Jetzt, müde und kapitulierend, wäre er im Handumdrehen besetzt von jeder Barbarei der Vergangenheit? Der Handschlag mit den Gespenstern fände statt? Jetzt sagt er sich schon – und nennt das, um sich zu verführen, ein Geständnis –, er sei nie frei gewesen von den Vergangenheitsbelastungen; er habe nur weiterkommen *wollen*, aber er sei eben nicht weiter gekommen; das sei doch nicht seine Schuld.

Welche Gespenster wollen denn herein? Die schlimmsten werden sich erst zu erkennen geben, wenn sie herinnen sind. Einige sind frech genug, sich schon zu erkennen zu geben, während sie noch an Tür und Fenster klopfen. Er verweigert ihnen Namen! So spricht der frühere Lippengebetsspezialist. In Wirklichkeit wagt er nicht, ihre Namen zu gestehen. Auch hätte er Angst, er etabliere sie gewissermaßen durch Aussprechen in seinem Bewußtsein. Auch das ist nur Ausflucht, Feigheit. Die Gespenster sind tabuisiert. Durch seine Mitwirkung. Er hat Angst. Er tut einmal probeweise so, als schäme er sich für das, was ihm vielleicht bevorsteht. Ist es überhaupt noch Scham? Oder schon Koketterie? Nicht alles, sagt er jetzt, was er ausschloß, durfte schlechterdings ausgeschlossen werden. Widersprüche hat er ausgeschlossen. Meinungen sind doch auch Empfindungen. Sie sind wirklich uneindeutig. Also muß jetzt gestanden werden: in jedem, wirklich in *jedem* Fall, in dem eine Meinung eindeutig vertreten wurde, wurde Schein produziert, anstatt daß der Wirklichkeit zum Ausdruck verholfen worden wäre. Der Schein will alles rascher haben. Der Prozeß soll direkt verlaufen. Der Effekt: scheinbare Verläufe, Demokratie-Zeremonien en masse. Dann entfaltet die Wirklichkeit Eigenleben. Der Mandarin erschrickt. Das Tempelglas klirrt.

In Notizbüchern, soweit sie nicht für Veröffentlichung geschrieben sind, sieht es womöglich immer schon realistischer aus. Ich zitiere, was ich mir am 25. 3. 1975 in mein Notizbuch, in dem ich meine täglichen Übungen mache, notierte:

»Ich habe ein gestörtes Verhältnis zur Realität. Das muß ich zugeben. Insofern ist, was ich zu sagen habe, leicht abzuwehren. Ich würde gern beweisen, wenigstens behaupten, daß mein gestörtes Verhältnis zur Realität etwas damit zu tun habe, daß ich Deutscher bin und 1927 geboren worden bin. Ich glaube nicht, daß man als

Deutscher meines Jahrgangs ein ungestörtes Verhältnis zur Realität haben kann. Unsere nationale Realität selbst ist gestört. Und wenn ein so Ausschlaggebendes gestört ist, ist es möglich, daß man zu allem davon Abgeleiteten kein rechtes Vertrauen gewinnen kann. Was mir vor allem fehlt, ist Vertrauen. Aber es kommt mir vor, als liege das nicht an mir, sondern an den Verhältnissen. An denen der Nation. Sie erlauben kein Vertrauen. Diese Nation, als gespaltene, ist eine andauernde Quelle der Vertrauensvernichtung. Diese Nation widerspricht sich. Ich bin unfähig, nur weil ich in der BRD lebe, nur als Bewohner der BRD zu denken und zu empfinden. Aber noch weniger kann ich mir die DDR zu eigen machen. Ich kann keinen der beiden deutschen Staaten in mir oder überhaupt verteidigen. Jeder sozusagen natürliche Identifikationsprozeß – der möchte ja jeden Tag vor sich gehen und zu immer größeren Zugehörigkeitsempfindungen führen – wird andauernd durch den anderen Teil der Nation gestört. Allmählich erfahre ich, daß nur noch eine Identifikation übrigbleibt: die mit dem Widerspruch zwischen den beiden deutschen Teilen. Gerechtfertigt scheint mir nur die Schärfe zu sein, in der sie einander widersprechen. Mit diesem Widerspruch kann ich mich aber überhaupt nicht inhaltlich identifizieren. Was die DDR gegen die BRD vorbringt, erscheint mir größtenteils übertrieben; es sagt viel mehr aus über die DDR als über die Bundesrepublik. Und umgekehrt ganz genauso. Das Kerkerbild, das hier von der DDR gemalt wird, soll unsere Leute dazu überreden, sich trotz ihrer Ohnmacht und Gezwungenheit frei zu fühlen. Und doch identifiziere ich mich mit dem Verhältnis des Widerspruchs, das zwischen den beiden Staaten herrscht. Es kommt mir vor, als bestünde jeder Anlaß dazu, daß die beiden Staaten einander widersprechen, als sei nichts so notwendig wie die Negation, die jeder dem anderen ausspricht, aber als sei auch nichts so wenig gerechtfertigt wie die Positionen, von denen aus jeder der beiden seine Negation des anderen vorträgt. Will ich mich nur salvieren? Suche ich nationale Bilder, um eine persönliche Lage zu rechtfertigen? Wäre es besser, die Widersprüche, in denen ich lebe, von einer Klassenlage herzuleiten? Kleinbürger! Kommt mein gestörtes Verhältnis zur Realität von der Unversöhnlichkeit der Heilsbedürfnisse und Entgeltungssehnsüchte des Kleinbürgers mit der Erfüllung versagenden Klassenrealität? Ich bin ganz schön sehnsüchtig nach Verbindlichkeit. Nach Vertrauensseligkeit. Manchmal laß ich mich einfach von etwas anziehen. Bis ich dann wieder abgestoßen werde.«

Vielleicht darf man sagen: Das Schlimmste wird nicht gesagt. Alles, was jemand ausspricht, ist ein Versuch, das Schlimmste nicht sagen zu müssen. Darum ist alles, was ich ausspreche, so harmlos. Etwas sagen heißt bei mir, etwas verschweigen. Sollte man auch unsere öffentliche Meinung mit diesem Vorbehalt zur Kenntnis nehmen?

Trotzdem: keine Sprachphilosophie, bitte. Es genügt das Gebot: Du sollst nicht lügen. Bei dem Versuch, dieses Gebot zu erfüllen, müssen sämtliche möglichen Sprachprobleme vorkommen und gelöst werden.

Wir haben doch die Übel, die da zu erleiden sind, selbst geschaffen. Wir wollten *nur* das Beste. Das wird es sein. Das war es doch immer. Die Ergebnisse sind peinlich. Es ist nicht gelungen, Offenheit zu einer lohnenden demokratischen Tugend zu machen. Hoch im Kurs ist Geschlossenheit, also der Schein von Stärke, Sicherheit, Wissen, also Heuchelei. Wir haben Schwäche und Elend und Hilflosigkeit so negativ ausgezeichnet, daß wir einander nicht mehr über unseren wirklichen Zustand informieren können. Schlimmer als der geschmähte Jargon der Eigentlichkeit kommt mir der Jargon vor, in dem da geschmäht wurde.

Die Sprache sagt nur etwas, wenn sie von Unschuldigen benutzt wird. Der Zustand dieser Unschuld ist nicht für jeden Intellektuellen ein für allemal verloren. Not stellt sie allemal wieder her. Und die Sprache, selber ein Gebildetes, reizt durch Bildungsanfälligkeit durchaus zu diesem Verlust.

Das richtige Verhalten ist wahrscheinlich nur mit dem historischen Vermögen der Sprache zu erörtern. Alle Sprachbefragungen, die systematisch tendieren, kommen mir bodenlos vor. Auch wenn sie noch so bescheiden mit Stammelbetrachtung beginnen und bei keinen Lebzeiten darüber hinauswollen. Der historisch Orientierte weigert sich eher, die Einfriedung Wissenschaft als Ersatz für Praxis zu akzeptieren.

Ich vermute, daß unsere nationale und gesellschaftliche Ratlosigkeit eine Folge unserer Entfernung von unserer Geschichte ist.

Mir kommt es so vor, als hätten sich unsere Intellektuellen nach 1918 vom Volk getrennt und hätten seitdem die Erfahrung, die man im Volk, mit ihm oder durch es hatte, verdrängt. Schon das Wort ruft vielfältiges Schaudern hervor. *Volk* – ist das überhaupt ein Begriff? Ist das nicht ein total *obsoletes* Wort? Macht der Ausdruck Klassengesellschaft das überflüssig, was sich historisch unter dem Wort Volk angesammelt hat? Und welcher Klasse gehörten die Damen und Herren an, die daran arbeiteten, Volk zuerst zu einem Ausdruck für die Ansammlung von etwas Gemeinem zu machen? Und ist es ein Fortschritt, den unerläßlichen Mengenausdruck in so etwas Unwirkliches, Unhistorisches wie *Kollektiv* zu treiben?

Den Ersten Weltkrieg hatte das deutsche Volk verloren. Aber das deutsche Volk war an diesem Krieg kein bißchen schuldiger als das englische, russische, französische, italienische, österreichische. Die bürgerlich-feudalen Cliquen der beteiligten Länder dürften noch am ehesten als Verursacher dieser ausschlaggebenden Katastrophe namhaft zu machen sein. Zu erleiden hatte die Folgen fast ausschließlich das deutsche *Volk*. Nicht die Gesellschaft. Kein Kollektiv. Das Volk als deutsches Volk wurde gedemütigt und ausgeplündert. Von den bürgerlich-feudalen Cliquen der Siegermächte. Die bürgerlich-feudale Clique der Deutschen schlug sich, so gut es gehen wollte, auf die Seite der Sieger: wirtschaftlich und politisch. Einem Teil allerdings gelang das nicht; der ging daran, sein Ressentiment und die Leiden des Volkes für ein weiteres, noch schlimmeres Abenteuer zu alliieren. Philosophie und Literatur der zwanziger Jahre waren, soweit wir sie ernst nehmen, internationalistisch gesonnen, also sofort fein heraus. Die Intellektuellen hatten Roaring Twenties. Arbeiter und Kleinbürger hatten einen aussichtslosen Kampf gegen immer neue Einfälle eines nun doch wirklich international auftretenden Kapitalismus. Nach 1945 wurden wir viel glimpflicher behandelt, obwohl wir uns viel schlimmer benommen hatten. Deshalb wurde nach 1945 in diesem Volk kein rabiater Heil-Hitler gezüchtet. Aber in der Rückschau auf das Jahr 1933 hat man sich nahezu festgelegt auf eine Meinung, in der das deutsche Volk als eine Masse erscheint, die zum Reaktionären, Kleinbürgerlichen, Dumpfen, Aufklärungsfeindlichen, Faschismusverdächtigen neigt. Die zurechnungsfähigen Intellektuellen waren an 1933 offenbar nicht beteiligt oder sie waren Opfer. Schuld war wieder dieses deutsche Volk, das dem Verbrechen zugeschaut hatte, mitgemacht hatte, gejubelt hatte. Wieder waren die zurechnungsfähigen Intellektuellen nicht dabei. Mit diesen fanatisierten Kleinbürgern hatten sie nichts zu tun. Und die Kapitalisten sind sowieso jedesmal auf der Seite der Kriegs- und Geschichtsgewinner. Der Dumme ist immer das Volk. Das lernt eine Lektion nach der anderen und kommt kaum nach mit Lernen und Umlernen. Und das deutsche Volk ist ein Musterschüler. In Ost *und* West. Lieber verliert es sich selbst, als daß es seinem Ost- oder Westlehrer auch nur den geringsten Kummer bereiten würde. Wir haben immer alles besser gekonnt, als wir selbst zu sein. Wer sind wir? Was ist er für ein Mensch? fragt der neue Diener des Phileas Fogg seinen Vorgänger in Jules Vernes *Reise um die Welt*. Er erfährt, daß sein zukünftiger Herr hauptsächlich ein Engländer sei. Wer sind *wir*? Sobald man im Ausland ist, ist man ein Deutscher. Aber wer bin ich hier? Und selbst in Moskau oder New York darf ich nicht so rückhaltlos deutsch sein, wie die dort russisch oder amerikanisch sind. Man erwartet von mir geradezu, daß ich mein Deutschsein mit einer Art Fassung trage, wie man ein

Leiden erträgt, für das man nichts kann, das man aber auch nicht mehr loswerden kann. Wenn ich mich durch das liebenswürdige Wohlgefühl, mit dem meine Gesprächspartner Amerikaner sind, und durch die imponierende Vehemenz, mit der meine Gesprächspartner Russen sind, verleiten lasse, mein Deutschsein auch ein bißchen positiv werden zu lassen, aktiviere ich sofort Widerspruch. Wenn nicht bei den anderen, dann bei mir selbst.

Auschwitz. Und damit hat sich's. Verwirkt. Wenn wir Auschwitz bewältigen könnten, könnten wir uns wieder nationalen Aufgaben zuwenden. Aber ich muß zugeben, eine rein weltliche, eine liberale, eine vom Religiösen, eine überhaupt von allem Ich-Überschreitenden fliehende Gesellschaft kann Auschwitz nur verdrängen. Wo das Ich das Höchste ist, kann man Schuld nur verdrängen. Aufnehmen, behalten und tragen kann man nur miteinander. Aber jede Tendenz zum Miteinander reizt bei uns den Verdacht auf Obsoletes. Wo Miteinander, Solidarität und Nation aufscheinen, da sieht das bundesrepublikanisch-liberale Weltkind Kirche oder Kommunismus oder Faschismus. Geschichtsabweisend ist der aktuelle Intellektuelle. Beckett ist sein Mann. Schöne Ausbrüche der Ichsucht, autoerotisches Babytum und die ständig gefeierte Selbstmordwürdigkeit der menschlichen Existenz sind das Lieblingsspiel. Ich vermute, daß seit Beckett der Geschichtsverlust in der Literatur drastisch zugenommen hat. Oder kommt mir das nur so vor, weil ich von der deutschen Literatur ausgehe? Ist Beckett wegen seiner heroischen Geschichtsverneinung ein deutscher Lieblingsdichter? Adorno hat diese Geschichtsverneinung mit polemischen Bemerkungen gegen Brecht blanko abgesegnet. Der ganze bewertende und segenspendende Kulturbetriebsapparat hat die an sich unschuldige Spezialität Beckett zur horizontbereitenden Avantgarde ernannt. Mir kommt es vor, als sei immer nur Beckett selbst unschuldig und gerechtfertigt. Sein jeweiliger Prophet kommt mir vor wie jemand, der es vorzieht, nichts zu finden, anstatt etwas zu suchen. Wenn dieser Anti-Fraktion der Lebenssinn nicht von Wegrändern und Alleebäumen entgegenblüht, sagt sie, es gebe keinen. Dabei könnte es doch sein, daß Sinn ein Produkt ist wie Licht, Wärme, Weizen und Milch. Etwas, was einschlägige Arbeit voraussetzt. Und lange Traditionen. Und wir könnten unseren Abnehmern ja sagen, daß es sich um einen gemachten Sinn handelt. Kein bißchen mehr Natur, als Licht, Wärme, Weizen und Milch es heute sind.

Ich glaube, es sei auch das historische Defizit, das uns unfähig macht zur Kritik an Prozessen, denen wir uns ausgesetzt sehen. Wir erleben uns jetzt seit Jahr und Tag als Eingeschüchterte, Mutlose. Wer noch soziale Regungen zeigt, kriegt eins drauf. Sobald sich einer ich-süchtig austobt, wird er gestreichelt. Also tobt sich, wer Streicheln braucht, in erwünschter Weise aus. Da können wir den Gewährenden gar nicht weit genug gehen. Am liebsten bis zu der schon von Adorno gehätschelten Unverständlichkeit. Was steht auf unseren anspruchsvollsten Zeitungsseiten nicht alles über Liebesunfähigkeit! Und wie liebevoll wird da die gleißende Ichsucht andauernd photographisch und kommentatorisch begleitet! Und wie hart wird jede matte Textstelle oder Theaterstelle geahndet, die dadurch zustande kam, daß einer sich oder der Sprache eine Aufgabe zumutete. Das ist Boulevard! heißt es da sofort. So verführt sich eine Epoche. Praxis adieu. Volk adieu. Ich gestatte mir, dazuzusetzen: Gott adieu. Weil Gott für mich kein obsoletes, sondern ein historisches Wort ist für das Bedürfnis nach Ichüberschreitung. Ich halte auch die Zielrichtung nicht für obsolet.

Daß uns etwas fehlt, sieht jeder. Vielleicht ist es das, was wir unterdrückt haben. Internationalismus ist in Ost- und in Westdeutschland ein gleichermaßen forcierter Wert. Daß der Internationalismus jeweils nur *einer* Himmelsrichtung gehorcht, wird, wegen der sonst drohenden blamablen Wort-Komik, streng verschwiegen.

Warum akzeptieren wir eine Teilung wie ein Naturgesetz, obwohl wir einsehen können, daß sie aus ganz und gar zeitlichen Bedingungen entstand? Ich gebe zu, wenn Politik in einer aktuell verständlichen Aktion ein Volk teilt, und diese Teilung glückt sozusagen für immer, dann war das, was geteilt wurde, kein Volk. Frankreich wäre nicht teilbar. Wenn wir BRD und DDR bleiben würden, wäre das Ergebnis nicht deutsch, sondern internationalistisch. Ich glaube, das dadurch verfügte bestimmte Geschichtsdefizit müsse die beiden so entstehenden Gesellschaften irgendwann unfähig machen, einer Generation nach der anderen die selbstverständliche Identität zu fundieren. Ich glaube, wir und die DDR kämen zwangsläufig an eine gemeinsame Grenze: in jedem der Teile fehlte es dann an Tiefe. Da ich mich nun schon an *obsoleten* Wörtern bediene, wird dieses ebenso in die Geschichte wie in den Boden zielende Wort keinen mehr überraschen.

Es ist ja möglich, daß der Mangel, den ich da zu fassen versuche, nur aus mir stammt. Alle anderen sind vielleicht erfüllt, zukunftshell und wohlgemut. Bundesrepublikaner wie für immer. Der politische Zustand kann dann auch genauso bleiben, wie er ist. Tarifautonomie, Marktwirtschaft und Meinungsfreiheit bzw. Kunstvorbehalt: damit können die Bereiche leben. Dann will ich nichts gesagt haben. Dann bin ich durch mich getäuscht. Dann sind meine Gespenster wirklich Gespenster. Meine Angst – eine Laune. Sie wird gleich keine mehr sein. Aus einem schwer beweglichen Schatten wird wieder reglose Nacht. Dann setzt wieder eine gewisse Musik ein. Ich bin zurück. In der Bundesrepublik. In dieser Republik wird ein hektischer Aufwand betrieben zur Rechtfertigung des augenblicklichen Zustands. Der Widerspruch wird gewünscht nur als geschichtsloser, als radikal unglückliche Geste, als hoffnungslose und deshalb anspruchslose Ich-Exzentrik. Ich habe ein Bedürfnis nach geschichtlicher Überwindung des Zustands Bundesrepublik. Von Grund auf sollten wir weiter. Aber die herrschende öffentliche Meinung, das herrschende Denken, der vorherrschende Sprachgebrauch nennen dieses Bedürfnis *obsolet*, obsolet heißt veraltet; ich glaube nur, es sei alt.

Auschwitz und kein Ende

Seit Auschwitz ist noch kein Tag vergangen. Es gibt eine Zeitrechnung, in der man nicht diskutieren muß, ob Verbrechen verjähren oder nicht. Das ist die Zeitrechnung, die man Geschichte nennt. Daß in dieser Zeitrechnung seit Auschwitz noch kein Tag vergangen ist, spürt man bei jeder Begegnung mit der Auschwitz-Wirklichkeit. Wir können über Auschwitz nicht sprechen mit der historischen Abgeklärtheit, mit der wir über die Völkermorde des 19. Jahrhunderts sprechen. Ein einziges Bild aus einem KZ, und wir haben nichts mehr zu sagen. Oder möchte sich jemand zutrauen, uns zu erklären, wie wir, wie unsere Leute dazu kamen, so etwas zu tun? Es ist nur zu verständlich, daß die Überlebenden und die Angehörigen von Opfern nach Gerechtigkeit durch Strafe trachten; es ist auch verständlich, daß wir, die wir zur Volksgemeinschaft der Täter gehören, uns durch Strafverfolgung glauben entlasten zu können. Ich persönlich teile diesen Glauben nicht. Aus der Individualgeschichte von Tätern weiß man, daß für sie nichts so wichtig ist wie die Erklärung ihrer Tat. Sie müssen sich verständlich werden. Sie müssen wissen, warum sie etwas getan haben. Und dieses Warum enthält dann fast schon eine Art Rechtfertigung. Reine Schuld zu ertragen ist für den einzelnen unmöglich. Und für ein Volk, für eine Gesellschaft? Wir auf jeden Fall helfen uns eben dadurch, daß wir die Schuld, das konkrete Furchtbare, auf eine Handvoll Schergen schieben. Aber die Frage, wie unter uns Wohlerzogenen plötzlich ein paar zu so etwas imstande waren, können wir nicht wegdelegieren von uns. Es dürfte kein Fach und keine Fächergruppe geben, die uns das, was getan wurde, in einem Ursache-Wirkung-Zusammenhang begreiflich machen könnte. Es gibt keine Ursachen, die auf diese Wirkung hin angelegt waren. Und doch ist diese Tötungsfabrik durch uns entstanden. Sie wurde von uns entwikkelt. Schritt für Schritt. Nach dem Prinzip moderner Arbeitsteilung. Fachleute machten es möglich. Jeder nur auf seinem Gebiet tätig. Eine Art moralischer Fachidiotie. Ich wage einen Vergleich, der nichts gleichsetzen soll, der nur eine Ahnung ausdrücken soll von dem, was man wissenschaftliche Denkart nennt: Wissenschaftler entwickeln die Möglichkeit, Waffen herzustellen, mit denen die Menschheit ausgerottet werden kann. Sie tun das in aller Unschuld. Sie sind legitimiert. Unsere Nationalsozialisten haben auch ihre Fachleute gehabt, die den Rassismus zu einer wissenschaftlichen Disziplin gemacht haben. Viele haben hochspezialisiert an der Legitimierung mitgearbeitet. Wissenschaftler waren beschäftigt mit der Konstruktion der Tötungsfabriken. Einer, der in Auschwitz tätig war, hieß Dr. Faust. Und Menschen mußten umkonstruiert werden zu Vertilgungsgehilfen. Und zwar auf jeder Ebene: von simpel-beflissen bis subtil-zynisch. In Auschwitz arbeitete unsere ganze Gesellschaft mit. Aber das ist eine Vorstellung, die wir nicht so gut ertragen. Ein Franzose oder ein Amerikaner kann die Bilder aus Auschwitz anders zur Kenntnis nehmen als wir. Er muß nicht denken: Wir Menschen! Er kann denken: Diese Deutschen! Können wir denken: Diese Nazis!? Ich kann es nicht. Diese Schuld ist unter den

Bedingungen unserer Geschichte entstanden. Wir haben die ganze Geschichte geerbt. Nicht nur die Patentämter und die Staatsgalerien. Wir sind die Fortsetzung. Auch der Bedingungen, die zu Auschwitz führten. Das heißt nicht, daß wir noch einmal zu so etwas imstande sein könnten. Es heißt nur, daß es nicht genügt, immer wieder unter der furchtbaren Gewalt dieser Bilder zusammenzuzucken und dann gleich eine Ausflucht ins Gesetzbuch zu suchen. Sicher gibt es kein Verhalten, das dem, was in Auschwitz getan wurde, entspricht. Selbst der groteske Versuch, eine Million oder zwei Millionen Tote wegdiskutieren zu wollen, ist nur ein weiterer Beweis, daß es kein richtiges Verhalten gibt. Wir alle sind in Versuchung, uns gegen Auschwitz zu wehren. Wir schauen hin und gleich wieder weg. Leben kann man mit solchen Bildern nicht. Opfer und Täter stehen immer noch auf zwei Seiten. Es gibt Organisationen für Versöhnung. Es gibt Versuche, die Scham nicht zur Lähmung werden zu lassen. Es gibt Unternehmungen zur Entschuldigung. Das alles ist besser als nichts. Das alles beruhigt nicht den Kampf in jedem von uns. Es gibt zu unseren Lebzeiten kein Verhältnis zu Auschwitz. Es gibt für mich keinen Standpunkt, den ich erreichen könnte, um von ihm aus dann eine feste Meinung zu haben über das, was getan wurde; oder wenigstens eine von der Seite der Opfer anerkennenswerte und auf der Seite der Täter erträgliche Empfindung. Jedes Bild von Auschwitz zerschlägt jedes mögliche Abkommen mit dieser Vergangenheit, die keine werden kann. Kein Deutscher kann sich über den Lagerboden erheben und sagen, seine Landsleute, die hier gewirkt haben, seien Psychopathen oder Spezialisten gewesen, mit denen habe er nichts zu tun. Sind wir keine Psychopathen, keine Spezialisten? Was wir mit denen zu tun haben, ist unsere Unruhe, unser Erfolg, unser Anstand, unser Bewußtsein von unserer Rechtschaffenheit, unser ungeheures Vertrauen in unsere Vernunft. Nicht daß wir ein Gewissen demonstrieren sollen, das wir nicht haben, aber wir sollten wenigstens zugeben: Auschwitz ist nicht zu bewältigen. Daß wir überhaupt nach all dem, was war, auf dieses Wort kamen: Bewältigung der Vergangenheit! Weder Gott noch der nachfolgende Humanismus hat uns davor bewahrt, Auschwitz zu betreiben und dann auf Bewältigung umzuschalten. Wenn man diese Zeitenfolge betrachtet, darf man aus Erfahrung sagen, uns fehle etwas. Etwas, was mit Gott und Humanismus beabsichtigt war. Uns fehlt etwas, was über den einzelnen hinausgeht. Etwas, dem er verpflichtet ist. Etwas, das ihn unfähig gemacht hätte, an der Auschwitz-Tötungs-Fabrik in irgendeiner Weise mitzuarbeiten. Etwas, was Gott und Humanismus noch nicht schafften. Wir haben uns zu früh befreit. Vor den Auschwitzbildern kann es jeder erfahren: wir müssen den Prozeß weitergehen lassen. Lebenslänglich. Den in uns. Wir können zwar im Chor keine Tonart finden, in der über Auschwitz gesprochen werden kann. Und als einzelne können wir uns nur eingestehen, daß wir nicht ausgerüstet sind, die Auschwitz-Schuld zu ertragen. Das heißt: nach all den liberalen oder emanzipativen Entbindungsakten finden wir uns als Unbelangbare vor. Angesichts von Auschwitz erfahren wir, daß wir als Individuen schuldabweisend sind; alles, was über unsere inzwischen zur Diamanthärte entwickelte Individualität hinausginge, lehnen wir ab als obsolet, irrational ...

Das sind Eingeständnisse, die sich einem einzelnen vor Auschwitzbildern aufdrängen können. Wir, stolz auf unseren unverbindlichen Pluralismus, müßten zugeben, daß wir das, was wir als Geschichte haben, als einzelne nicht tragen können. Dazu gehört wohl Transzendierendes, Solidarität... Fremdwörter eben. Was gemeinschaftlich getan wurde, können nicht einzelne tragen. Daher die Verwirrung, die Verdrängung. Und all das bloß Offiziöse gegenüber Auschwitz. Die Überlebenden und die Angehörigen der Opfer sehen sich wie durch einen Opernbühnentrick plötzlich nur noch entspannten, modernen, von allem Verbindlichen emanzipierten Individuen gegenüber. Deutsche, was ist das? Ost? West? Deutsches Volk? Nie gehört. Man ist allenfalls Kölner, Berliner, Stuttgarter, Franke oder Westfale. Aber doch nicht Deutscher. Diese Firma hat 1945 bankrott gemacht. Überlebt haben Siemens, Deutsche Bank, AEG, Bayer, BASF, Flick, Hoesch, Thyssen... Ja, Firmen waren auch dabei in Auschwitz. Aber was ist eine Firma? Hat eine Firma Gedächtnis, Gewissen? Eine Firma ist doch keine moralische Anstalt. Einer kann Bankier sein und Wirtschaftsführer sein unter Hitler und Adenauer und... Nur die Legitimationsgarnitur muß man auswechseln. Also kein Bruch. Nur ein Zusammenbruch. Dann ein Wiederaufbau. Ein Rechtsnachfolger, der zahlt, organisiert, feiert, gedenkt, so gut er kann: das heißt, der hat einen Terminkalender, der bewältigt. Und wir? Wir lassen bewältigen. Wir alle. Wir sind einander viel näher, als es den Ausstattern vom Dienst, den Lieferanten unserer Unverwechselbarkeit, unseren Individualismusproduzenten recht wäre. Auschwitz drängt uns auf einen Fleck. Wie wir auf Auschwitz reagiert haben ... gestehen wir es uns doch ein: das zeigt uns eng beieinander. Schlimm genug, daß wir nur durch Schlimmstes, durch die Auschwitz-Schuld auf unsere Gemeinsamkeit hingewiesen werden können. Die Auschwitzbilder zeigen das Gegenteil von dem, was im Gerichtssaal sichtbar wird: Im Gerichtssaal sind die Täter einzelne und die Opfer Legion. In den Bildern aus Auschwitz sind die Opfer einzelne Menschen und die Täter Nation. Das heutige Individuum hat sich von der Nation emanzipiert. Das Individuum ist Gesellschaftsmitglied und läßt bewältigen. Dazu bezahlt es eine offiziöse Aktivität. Das Bewältigen gehört in jene Arbeitsteilung, die Auschwitz ermöglichte. Ins Delegiersystem. Aber beichten, büßen, beten können wir auch nicht mehr. Aber über unsere Belangbarkeit nachdenken, können wir das? Über unsere Zurechnungsfähigkeit nachdenken, könnte das geboten sein? Die ist vielleicht doch nicht nur durch Leistungs- und Genußfähigkeit zu beweisen, sondern auch durch die Fähigkeit dazuzugehören, solidarisch zu sein. Was könnte das heißen, dazuzugehören? Ich glaube, selbst dem Andenken der Opfer und erst recht den Überlebenden kann nicht gedient sein, wenn ein Verbrechen solchen Ausmaßes nachträglich herunterdividiert wird auf ein paar Bösewichter. Was ist das für eine Einteilung: Ich gehöre dazu, sobald es sich um Goethes *Faust* handelt, aber mit dem Dr. Faust in Auschwitz habe ich nichts gemein. Wir haben mit ihm alles gemein, was wir mit Goethe gemein haben. Mir kommt es für alle Zeiten und Zukunft gefährlich vor, wenn Gesellschaften, Völker, Staaten mit ihrer ganzen Macht und Kraft Verbrechen legitimieren und begehen, und nachher selektieren sie Täter.

In einer Zeit, in der die großen Verbrechen von überindividuellen Tätern unter einer Art aktueller Legalität begangen werden, genügt es nicht mehr, als Individuum fein heraus zu sein und das Gewissen zu einer Sache von Administrationen zu machen, für die man nur als Steuerzahler zuständig ist. Die öffentliche Demonstration der Erlebnisarmut des Ministerpräsidenten Filbinger war ein Schauspiel, das, um eine erschütternde Wirkung zu tun, keinen Sophokles mehr braucht. Offenbar ist eine gewaltige Erziehungs- und Kulturmaschinerie im Betrieb, die gutes Gewissen erzeugt bis in die Hand des Todesurteils-Richters hinein.

Ich glaube: man ist Verbrecher, wenn die Gesellschaft, zu der man gehört, Verbrechen begeht. Dafür haben wir in Auschwitz ein Beispiel geliefert. Keiner kann uns sagen, wie wir mit dem Bewußtsein dieser Täterschaft umgehen sollen. Zu welchem Teil und mit welchen Folgen sich einer als zugehörig, also zurechnungsfähig betrachtet, ist seine Sache. Darüber kann es wohl keine Vorschrift geben. Alles, was einer sagt oder tut, ist ein Eingeständnis. Ein Eingeständnis findet im Unterschied zum Geständnis nicht für andere und vor anderen statt, sondern vor einem selbst und für einen selbst.

Es genügt ein Blick auf ein Auschwitzbild, und jeder gesteht sich wenigstens ein: Wir sind nicht fertig damit. Egal, was du damit machst, du kannst es nicht delegieren. Du kannst nicht bewältigen lassen. Die Gewalt, die in diesen Bildern erscheint, ging von dir aus, jetzt kehrt sie zurück, zu dir. Es genügt nicht, seine Eltern und Großeltern zu fragen: wie war das und das. Frag doch dich, wie es ist.

Ich möchte immer lieber wegschauen von diesen Bildern. Ich muß mich zwingen hinzuschauen. Und ich weiß, wie ich mich zwingen muß. Wenn ich mich eine Zeitlang nicht gezwungen habe hinzuschauen, merke ich, wie ich verwildere. Und wenn ich mich zwinge hinzuschauen, merke ich, daß ich es um meiner Zurechnungsfähigkeit willen tue.

Der unterirdische Himmel

Das Archiv ist seine Kirche. Wird da Geschichte gefeiert oder die Wie-für-immer-Illusion zelebriert? Oder ist das einfach die Präparatur zukünftiger Archäologie? Das Ziel: eingekochte Zeit? Zeitmarmelade? Epochengsälz? Als ich im Duden nachschaute, ob ich Gsälz verwenden dürfe, sah ich, daß der Duden Gsälz nicht für aufbewahrenswert hält; an der Stelle, wo Gsälz hingehört, bewahrt er Gschnasfest und sagt, das heißt »Maskenball der Wiener Künstler«. Es gibt Kulturen, die sind imperialistischer als andere. Die schwäbisch-alemannische beschäftigt keine Attachés. Auch ist Deutsch für uns immer das, was die anderen können. Welches deutsche Land wäre geeigneter gewesen, der Nation den Archivar zu spielen, als das, an dem in der Zeit, als die deutschen Gesichtszüge sich bildeten, ein Sinnier-Image hängengeblieben war. Seit die konvulsivische Nation nun zerstört ist in einem Ausmaß, das eine Nation allein überhaupt nicht verschulden kann, ist sie mehr als andere auf Geschichte verwiesen. Nur wenn wir eine Nation waren, werden wir wieder eine sein. Und das regelt keiner außer uns selbst. Wenn man mit Sprache zu tun hat, möchte man Geschichte für möglich halten. Ich verstehe Becketts Sinnlosigkeitspropaganda als eine verhältnismäßige Reaktion auf ein Leben in einer Fremdsprache. Nachfolger, die, mitten in ihrer Muttersprache lebend, eine ähnliche Geschichtsöde ausbilden wollen, kommen mir vor wie Kinder, die, weil sie keine wirkliche Pistole haben, Peng-

Peng machen müssen. Ich gebe zu, daß ich ein bestimmtes Vertrauen zur Sprache habe. Es stammt aus der Erfahrung, daß das Schlimmste, das einem passiert, am meisten nach Sprache schreit. Vielleicht bewirkt sogar das Schlimmste das Schönste. Oder wir finden das am schönsten, das gegen das Schlimmste entstand. Indem die Sprache auf das Schlimmste antwortet, hebt sie es auf. Es ist aber die Muttersprache, in der man da aufhebt. Man beklagt sich also noch einmal bei der großen Beschützerin über das, was einem passiert. Das Schlimme zur Sprache bringen heißt, es vergleichen mit dem, was in der Sprache schon vorhanden ist. So entstünde Geschichte. Der Abklatsch der Zeitlichkeit unseres Daseins. Das meiste, was je zur Sprache gebracht wurde, hat offenbar ihre Ausdrucksfähigkeit für Zeitliches entwickelt. Und das Zeitliche ist die eigentlich menschliche Dimension dieser Welt. Daß wir nicht überall zugleich sein können, tut uns weniger weh, als daß wir nicht ewig sein werden. Und der Schmerz, nicht ewig sein zu können, diese schlimmste Wirkung der Zeit, ist der Anlaß, gegen den wir sprechen, klagen, Geschichte anstrengen, Hegel brauchen. Hegel hat aus der elenden zeitlichen Bedingung unseres Daseins den schönsten Roman geschrieben, indem er erzählt, wie man mit Hilfe der Sinnlosigkeit den Sinn produziert. Was sonst katastrophal und tragisch gegeneinander wirkt, denkt Hegel zu einem den Freiheitsfortschritt vollbringenden Prozeß zurecht. Und er läßt nichts weg, verbiegt nichts, bloß damit der schöne Endzweck erreicht werde. Wie ein Realist, kommt mir vor, nimmt er den ganzen schlimmen Menschenstoff auf und schmiedet, weil er das Dasein sonst nicht ertrüge, das edle Sinngebilde einer

Geschichte, die dazu verläuft, daß jeder dadurch, daß er sich dient, dem Allgemeinen diene. »Dies ist das unendliche Recht des Subjekts, daß es sich selbst in seiner Tätigkeit und Arbeit befriedigt findet.« Das ist ein Satz, den man gern hört und noch lieber glaubt. Er entspricht tiefstem Bedürfnis. Die Orientalen hätten dieses »unendliche Recht« nur einem, dem Despoten, ermöglicht, die Griechen und Römer schon einigen wenigen, erst beim christlichen Germanen sei es ein allgemeines Recht geworden. Wenn auch, können wir hinzufügen, dieses allgemeine Recht für die Mehrzahl immer noch ein bloßes Recht und noch keine bestimmte Wirklichkeit ist. Das heißt, die Geschichte hat, bitte, noch zu tun. Leben die Bücher bald, fragt dringlich und drängend Hölderlin, der andere Für- und Gegensprecher. Bevor wir uns von der Lenin-Frage »Was tun?« agitieren lassen, stellen wir uns noch einmal bei Hegel unter und verfolgen, wie er die ganze Ungeeignetheit des Menschen für etwas Gutes in seinen Roman aufnimmt und mit dem schlimmen Stoff eine Gedankengeschichte erzählt, die gut ausgehen muß. »Wer die Welt vernünftig ansieht, den sieht sie auch vernünftig an ...« Mehr sagt er doch gar nicht. Allerdings verlangt er dann der Sprache alle Befreiungsleistungen ab, die sie zu seiner Zeit durch die Tätigkeit aller als Potenz angesammelt hatte. Gestaut hatte, darf man sagen, wenn man an den auf deutschem Boden unterdrückten Reiz der Französischen Revolution denkt.

So empfindlich wie unsere heutigen Sinnverweigerungsvirtuosen war Hegel auch schon; auch ihm hat sich, was gehäuft vorlag und rundum passierte, angeboten als »furchtbarstes Gemälde«, das die »Empfindung zur tiefsten, ratlosesten Trauer steigern« muß, »welcher kein versöhnendes Resultat das Gegengewicht hält«, auch ihm schien dann nichts anderes übrig zu bleiben, als »daß wir aus der Langeweile, welche uns jene Reflexion der Trauer machen könnte, zurück in unser Lebensgefühl, in die Gegenwart unserer Zwecke und Interessen, kurz in die Selbstsucht zurücktreten, welche am ruhigen Ufer steht und von da aus sicher des fernen Anblicks der verworrenen Trümmermasse genießt«. Aber Grauensgenuß ist ihm nicht alles. Er ist auch in dieser Position schon genauer als die Heutigen, die nicht bereit sind, den Endspielgenuß zuzugeben, weil sie sich nicht mehr ernst genug nehmen könnten, wenn sie ihrer Misere eine Relation erlaubten. Hegel konstruiert mit dem, was sich in seinem historischen Moment vorfindet, seine das happy end anpeilende Geschichtsmaschine. Betrieben wird die mit einer Energie, die heißt *die List der Vernunft*. Wie kommt man mit lauter trüben Faktoren zu einem glänzenden Resultat: dafür wendet er sich an die Sprache. So gehört er, um seinen Ausdruck zu gebrauchen, zu den »geschichtlichen Menschen«, den »welthistorischen Individuen«, das sind, sagt er, »diejenigen, die, was an der Zeit ist, tun«. »Geschäftsführer des Weltgeistes« nennt er sie, auch »Seelenführer«, und beide, Hölderlin und Hegel, nennen sie auch Heroen. Tun, was an der Zeit ist. Das Fällige tun. Heroisch sein. Sollte man nicht doch lieber die Sinnlosigkeit predigen? Wohl versorgt und bis zum Hals in gut formulierter Schwärze. Wer bietet mehr? Man muß zugeben, die Sinngeber haben nicht gerade Konjunktur. Walter Benjamin konnte noch kämpfend und wählend sich gegen Historismus und für historischen

Materialismus entscheiden. In der Zwischenzeit haben sich ungeheure Blamagen ereignet. Die Sinnverweigerer triumphieren nicht ohne einigen Grund. Es ist mehr als schick geworden, die Existenzwunde feinsinnig, aber geistlos anzustarren, ihr Geschichtlichkeit zu versagen und unsere Kondition einfach zu schmähen. Je radikaler einer schmäht, um so authentischer wirkt er. Dem Echtheitsgeruch der Misere ist kein anderes Parfüm gewachsen. Was ist dagegen ein Sprachvertrauen, das sich von Lebenseifer und Daseinssorgfalt nährt und als Aufgabe schlicht verkündet: wie schafft man einen Sinn, den es, ohne daß man ihn schafft, nicht gibt. Und das wäre, zu allem Graus, auch noch eine Aufgabenstellung nur für viele bzw. alle, also etwas Gesellschaftliches. Da wäre jeder nur ein Mitarbeiter. Und das alles entscheidende Element, das zum Antworten, Aufbewahren, Tradieren, also Geschichtemachen, also Sinnproduzieren, gehörte, wäre Öffentlichkeit. Nichts als Öffentlichkeit, dieses nach der Erschaffung Gottes bedeutendste Menschenwerk. Sie ist noch viel mehr Projekt, Utopie als schon Realität. Öffentlichkeit, das wird es einmal geben. Darin sind dann aufhebbar Gleichheit, Freiheit, Brüderlichkeit.

An diesem Punkt könnte der Roman anfangen. Bei jedem. Ich weiß nicht, was Wissenschaft ist oder sein soll, aber ich ahne, was der Roman vermag. Jeder Roman, wenn er einer ist, ist ein Abenteuer-Roman. Wenn es gelingt, den Roman zu einem höchsten Allgemeinheitsgrad zu steigern, nennt man ihn Philosophie. Philosophie ist ein Roman, der aufs Ganze geht. Ich messe, das spüre ich als Leser, jeden Roman daran, wie sehr er aufs Ganze geht. Je mehr er nur die natürliche Selbstsucht des Schreibenden reproduziert und sich von ihr produzieren läßt, desto geringer, scheint mir, ist der Anteil dieses Romans an dem, was jetzt, in diesem historischen Moment, die Sprache hergäbe zur Veröffentlichung. Dieser Autor will nicht an dem teilnehmen, was jetzt fällig und also zu tun ist. Was fällig ist, das schafft Bedürfnisse. In allen.

Gerade hat man ein Jahrzehnt hinter sich, das schwirrte von Versuchen, die Öffentlichkeit wieder für eine natürliche Ungleichheit der Menschen einzunehmen zur Legitimierung einer Freiheit, die bloß vor dem Gesetz, nicht aber am Arbeitsplatz gelte. Wissenschaftliche Betrachtungsweise soll offenbar jetzt wieder dazu führen, der natürlichen Ungleichheit ungleiche Freiheit folgen zu lassen. Also: Öffentlichkeit für die Moralisierung des natürlichen Status quo. Dazu einer, der auch deshalb der bürgerlichen Nation nicht zum Klassiker taugte, dazu Jean Paul in seinem aufs Ganze gehenden *Hesperus*-Roman, anno 1794: »Durch die physische, von der Natur gemachte Ungleichheit der Menschen wird irgendeine politische so wenig entschuldigt als durch Pest der Mord ... umgekehrt muß eben die politische Gleichheit das Ersatzmittel der physischen sein.« Dazu Hegel: »Die Weltgeschichte stellt ... die Entwicklung des Bewußtseins des Geistes von seiner Freiheit und der von solchem Bewußtsein hervorgebrachten Verwirklichung dar.« Wer in diesem Ton von der menschlichen Möglichkeit spricht, führt keinen numerus clausus für Freiheit ein. Weil er etwas Gutes denken kann, hält er das Gute für möglich. Nun beruft sich die Negationsfraktion auf den Tod. Aber zu dem gibt es doch kein Verhältnis! Und »Hänschen klein geht allein in die weite Welt hinein, Stock und Hut steht ihm gut, ist gar wohlgemut« ist da nicht weniger angemessen als jedes Endspielspiel. Und wenn dem Ende gegenüber schon alles unverhältnismäßig ist, dann doch bitte gleich eine Unverhältnismäßigkeit, bei der das Leben gut wegkommt. Das Leben braucht Protektion. Und was in einem abstürzenden Flugzeug gesprochen wird, soll man vor allem daran messen, ob es dazu geeignet ist, den Abstürzenden die endlosen Sekunden leichter zu machen. Die Ansprüche Abstürzender sind nun einmal hoch. Die Misere zu feiern, dazu braucht keiner das Wort zu ergreifen. Die Misere ist das, was von selbst ist. Aber wir klammern uns an das Gegenteil. An den Sinn. Der ist nicht von selbst. Von Gewißheit umstellt, widersprechen wir. Es gibt keine mit der Schwäche vergleichbare Kraftquelle. Wer keine Zeit hat, hat ein Bedürfnis nach Geschichte. Wie jeder Wurm, sterb ich für immer. Aber ... Aus diesem Aber bauen wir den unterirdischen Himmel, den der Geschichte. Mit jedem Wort. Am liebsten wäre jedem von uns gleich die Ewigkeit. Es gibt unter den Wörtern, die durch unsere zu sich selbst kommenden Mängel entstanden sind, keines, das so rein sprachlich, also so wenig gegenständlich ist wie dieses Wort *Ewigkeit*. An dieses Wort denken, heißt empfinden, woher die Sprache kommt, was sie will und was sie kann. Die Synonymenspirale *Sprache – Geschichte – Sinn* produziert als ihre Spitze *Ewigkeit*. Angesichts der wilden Äußerlichkeit des Universums ist unser unterirdischer Himmel natürlich nicht wehrhafter als ein Hauch. Wem an Kostüm liegt, der denkt: ein heroischer Hauch. Ich halte es nur für komisch, aber überhaupt nicht für lächerlich, mit

whiff

Hilfe von Sprache Vorstellungen zu erregen, um die sich der sprachlose Gang des universalen Schwereschwungs nicht kümmert. Wir sprechen für uns. Die Sterne verstehen uns nicht. Da hört man doch förmlich, wie unsere immer in Zeiteinteilungen schwelgende Sprache geschichtssüchtig den Zusatz verlangt: noch nicht. Da man ihr nichts abschlagen soll, korrigiere ich: Die Sterne verstehen uns noch nicht. Noch so ein Satz aus nichts als Sprache: Sobald die Bücher leben, werden sie uns verstehen. Daß die Bücher bald leben, ist unser Bedürfnis. Für mich ist der Inhalt dieses Bedürfnisses eindeutig: daß keine Herrschaft mehr sei. Das ist der Auftrag des unterirdischen Himmels. Und Öffentlichkeit ist seine Qualität. Seit Hölderlin diesen Auftrag formulierte, hat Herrschaft den Namen öfter gewechselt. Aber Öffentlichkeit hat sich bis jetzt gegen Herrschaft bewährt. Die neuesten Versuche, auch noch Öffentlichkeit in ein Konservierungsmittel für Herrschaft umzufälschen, sind, heilsgeschichtlich gesprochen, wahrhaft diabolisch. Wenn die gegenwärtige Rückfalltendenz anhält, werden wir es erleben, daß der obere Himmel beherrscht sein wird von kommerziellen Satelliten, die auf uns Meinungen herabregnen nur im Interesse ihrer Besitzer. Finstere Verlagsschranzen und Medienmonster mit ihrer die Seelen ganzer Kontinente beugenden Macht machen die ältesten Drachensagen zum aktuellen Bilderbuch. Die Herrschaft gleißt wie eh und je und lädt die Endspielspieler dazu ein, ihre feierlichen Witze über die Nichtswürdigkeit des Menschen zu machen. Es ist nicht anders vorstellbar: der unterirdische Himmel ist, wenn er sich treu bleibt, subversiv.

Was ist ein Klassiker?

Als in der Schule Goethes *Tasso* dran war, habe ich außer meinem Aufsatz auch noch die Aufsätze von zwei Klassenkameraden geschrieben. Für Zigaretten. Es waren mehrere Meinungen möglich. Mehr als Meinungen hatte ich nicht. Meinungen sind das Windigste, was wir in unserem Wesen auftreiben können. Ich vermag ohne Schmerzen, mehrere einander widersprechende Meinungen mein eigen zu nennen. Klassiker sind offenbar brauchbar als geistige Turngeräte, zum Meinungstraining. Man lernt überzeugend lügen. Lügen bildet. Beim Lügen lernen wir, ohne unsere Erfahrung auszukommen. Entweder weil wir glauben, unsere eigenen Erfahrungen verheimlichen zu müssen, oder weil wir noch nicht imstande sind, von unseren Erfahrungen Gebrauch zu machen. Es scheint leichter zu sein, von Erfahrungen Gebrauch zu machen, die andere schon ausgedrückt haben. Was da herauskommt, übernehmen wir dann. Als Meinung. Das ist eine Sprachfrequenz, in der es besonders freizügig zugeht. Keinesfalls herrscht da Notwendigkeit. Erfahrungen sind im Gegensatz zu Meinungen nicht wählbar. Fichte hat gesagt, Erfahrung sei das System der vom Gefühl der Notwendigkeit begleiteten Vorstellungen. Je mehr Tendenz das eigene Leben unwillkürlich entwikkelt, desto deutlicher erfährt man, was man braucht. Welchen Umgang man mit Büchern hat und mit welchen Büchern man Umgang hat, das ist nicht wählbar. Nachträglich wird mir fast schwindlig, wenn ich an mir alle

Bücher und Autoren vorbeiziehen lasse, mit denen ich umgehen wollte. Welch eine Aufgabe, schicksallose Sechzehnjährige in der Schule auf klassische Verständigungsfiguren scharf zu machen! Natürlich muß man lesen, was man nicht begreift, um zu begreifen, was man lesen kann. Aber mir wird trotzdem schwindlig, wenn mir einfällt, daß ich den Abituraufsatz schrieb über den Jean-Paul-Satz: Die Kunst ist nicht das Brot, wohl aber der Wein des Lebens. Vielleicht sind jetzt Neunzehnjährige nicht mehr so schicksallos, wie ich war im Jahr 1946. Passiert war eigentlich genug. Aber ich lebte ganz und gar in einem Literatur-Satelliten, von dem aus, was auf der Erde gerade passierte, nicht erlebt werden konnte; was täglich in der Zeitung stand über die wirklichen Leiden der Nachkriegszeit, war einfach nicht so interessant wie Dostojewski. Die Erfahrungen, die ich als Leser machte, konnte ich nicht ausdrücken. Was in der Meinungsfrequenz der Sprache nicht unterzubringen war, blieb ungesagt. Die Schule will nur wissen, was du weißt, nicht, wer du bist. Aber ich brauchte die Bücher. Für mich. Die Bücher, die die meisten Leute am längsten brauchen, sind dann klassisch. Dieser andauernde Gebrauch muß nicht einmal nur Zustimmung bedeuten. Ich habe Goethe jahrelang mit der ausgestreckten Hand gelesen. Hölderlin habe ich von Anfang an so nah wie möglich vors Gesicht gezogen. Und was hat man nicht alles einfach gefressen.

Brauchbarkeit ist der einzige Maßstab, den ich begreife. Daß man so lange herumdokterte, um etwas an sich Klassisches oder das Klassische an sich definieren zu können, begreife ich nicht. Aischylos und Euripides nur Aufstieg zu und Abstieg von Sophokles! Absurd. Die

Humanisten bestimmten ihren Klassikmaßstab so, daß eine staufische Klassik nicht stattgefunden hat! Jean Paul lebt zwar in die Weimarer Klassik hinein, trinkt exemplarisch Kaffee in den Klassikerstuben, aber er wäre, weil der Siebenkäs nicht Tasso heißt, kein Klassiker! Hölderlin, der klassischer tendiert als jeder andere Deutsche, wäre an sich auch kein Klassiker. Bei diesen beiden Autoren sieht man noch, wie sich das Hauptwort vom Eigenschaftswort unterscheidet. Daß Jean Paul und Hölderlin deutsche Klassiker sind, ist klar. Aber beide sind keine klassischen Autoren. Geschenkt! Für diese Fuchserei interessiere sich, wer mag. Weimarer Klassik: das ist eine akademische Spezialität, ein Klassiker-Grüppchen zu Klassikern schlechthin zu machen. Dem Sprachgebrauch war das von keinem Professor Strich beizubringen, daß Romantiker keine Klassiker seien. Diese Begriffsapothekerei will uns mit Schubladen plagen. Sagen tut das zum Erbarmen wenig. Immer diese Spezialisierung aufs Besteck statt aufs Essen. Der junge Friedrich Schlegel hat wahrscheinlich den meisten Sekundäraufwand gestiftet. Aber er war wirklich sehr jung und aufgeregt, mußte einem genialen Bruder und einem noch genialeren Hardenberg imponieren. Man braucht doch deshalb diese hitzige Ablenkung von der Sache nicht auch zur Sache zu machen. Das ist allerdings nicht mehr rückgängig zu machen. Wir wollen ja die Begriffsbestimmungsbücher nicht verbrennen. Sie stehen auf den Brettern, die Bretter biegen sich. Was kanonisiert man denn, wenn man eine bestimmte Beschaffenheit eine klassische nennt oder einen bestimmten Wert zum klassischen ernennt? Auch wenn man das nach bestem Wissen und Gewissen tut, also in nichts als schöner, hilfreicher, pädagogisch wertvoller Absicht, entsteht doch vor allem Autorität. Kirchenväter entstehen so, aber keine Klassiker. Wenn es stimmt, was ich sage, daß Klassiker nur durch Gebrauch entstehen. Kirchenväter müssen von fest angestellten Spezialisten am Papierleben gehalten werden. Macht braucht man, um Kirchenväter ihren Einfluß haben zu lassen. Und die Kirchenväter braucht man zur Legitimierung der Macht. Ein Hirn wäscht das andere. Der Klassiker kann zwar genauso zum beliebigen Legitimieren herangezogen werden, aber er ist nicht auf diese an ihm interessierte Pflege angewiesen. Schön, wenn es eine Pflege gibt. Eine reine Pflege. Nichts Schöneres als eine Ausgabe, der man trauen kann. Aber der Klassiker, der, um zu leben, mit Institutsmacht oder ex officio verbreitet und propagiert werden muß, ist keiner. Wenn die Brauchbarkeit der Maßstab ist. Dann entscheidet weder eine Regierung noch eine Akademie, noch eine herrschende Klasse, noch Professor Sowieso, wer ein Klassiker ist, sondern das Volk. Die Leute also. Die Brauchbarkeit ist etwas anderes als die Klassiker-Qualität an sich oder das so und so ausgetüftelte Klassische als Wert. Brauchbarkeit entsteht durch historische Bedingungen. Wenn der Bürger Selbstbewußtsein braucht, ist Goethe fällig. Wenn dem unsittlichen, also häßlichen Feudalismus die bürgerliche Freiheit als das menschlich Schönste entgegentreten soll, ist Schiller fällig. Wenn es, trotz allen geschichtlichen Veränderungsdonners in der Welt, im deutschen Land nicht besser werden will, muß, wer nicht ersticken will, mit Jean Paul in seine zweite Welt in der hiesigen flüchten. Wenn die zähen deutschen Zustände dem niedrig geborenen Fichte keine bürgerliche Aufrichtung erlauben, muß dieser von Kant infizierte Fichte seine menschliche Zurechnungsfähigkeit ganz gesellschaftslos und nach Art der Geometrie ableiten. So wird er für andere, mit ähnlichen Erfahrungen, brauchbar, notwendig. Fort und fort. Auch der schrecklich gebeutelte Karl May muß sich lebenslänglich durch Dunkel zum Licht, durch gemeine Gefahr zu edelster Errettung durchschreiben. Und weil wir alle mehr Gefahr als Rettung erleben, insbesondere in der Kindheit, und weil angesichts der Wirklichkeit ein Retter gar nicht tadellos genug sein kann, brauchen wir am Anfang unseres Lebens dringend Karl May. Also wenn eine Qualität Maßstab werden darf, dann die Brauchbarkeit. Sie empfiehlt sich doch durch ihre Unbestreitbarkeit. Brauchbarkeit ist überhaupt nichts Absolutes. Wenn über die Frage der Brauchbarkeit gesprochen werden soll, ist weniger Anmaßung möglich, als wenn über Klassik als bestimmtes Niveau oder Klassik als auszuhandelnder Wert gesprochen werden muß. Brauchbarkeit ist immer eine beschränkte. Der Klassiker ist zuerst ein Klassiker seiner Nation. Es gibt sehr viel Weltliteratur, die nie klassisch wird. Rasch verbreitet, aber nirgends lange gebraucht. Der Klassiker ist einer an Ort und Stelle. Das kann weniger als eine Nation sein. Viel weniger. Eine Landschaft kann ihren Klassiker haben. Hebel, Gotthelf, Reuter, Giono sind solche Klassiker. Von deutschen Klassikern haben wahrscheinlich Heine, Goethe und Kafka weltliterarische Verbreitung. Aber verglichen mit Kafka und Heine ist auch Goethes Verbreitetheit eine eher mühselige. Heine und Kafka, diese Klassiker deutscher Sprache, haben ihren Rang als Weltliteratur vielleicht auch ihrer leichten Übersetzbarkeit zu verdanken. Und diese leichte Übersetzbarkeit könnte von ihrer jüdisch-deutschen Gespaltenheit, von ihrer unbehebbaren Exilsituation, von ihrer problematischen nationalen Identität herrühren. Kafka hat sich keinen Satz lang auf eine assimilatorische Schreibweise eingelassen. Er hat eine eigene Sprache entwickelt, eine eigene Bedeutungspraxis, eine eigene Existenzgrammatik, mit so wenig Autochthonem wie möglich. Sein Satz: »Nur der begrenzte Kreis ist rein.« Kann dieser Satz mit seinen Abgetrenntheiten zu tun haben? Nichts Heimatloseres als Kafka. Daher seine Universalität. Aber ist Gotthelf geringer, bloß weil sein Universum kaum über das Emmental hinausreicht? Nicht, wenn Gotthelf noch gebraucht wird. Wer sich mit Klassikerbiosphären beschäftigt, zitiert gern den Sainte-Beuve-Satz: Je ne me figure pas qu'on dise: les classiques allemands. Auch dieser Satz beweist mir, daß Klassiker durch Gebrauch entstehen und zuerst etwas Nationales oder, wie Hölderlin das Wort gebrauchte, etwas Nationelles sind. Sainte-Beuve konnte sich nicht vorstellen, ein deutscher Schriftsteller könne so französisch werden, daß er für ihn, Sainte-Beuve, brauchbar werde. Zumindest verrät der Satz, wie wichtig das Nationale beim Klassiker ist. Über Nationalitätsgrenzen hinweg sind Klassiker manchmal gar nicht mehr als solche erkennbar. Sie werden eben dort nicht so gebraucht wie im Land selbst. Selten genug wird ein Shakespeare im richtigen Augenblick übersetzt. Daß die Nation – vielleicht die Sprachnation – darüber entscheidet, wer ein Klassiker ist, das verweist jede persönliche oder gruppenhafte Einmischung in den Bereich des Gesellschaftsspiels oder der Anmaßung. Es müßte gerade das Nationale nach soviel Verabsolutierungseifer und all der Anbindungsmühe in Richtung Antike dem Klassikerprofil eher abträglich sein. In Wirklichkeit ist aber dem Hauptwort Klassiker nichts so nahe wie das Eigenschaftswort *deutsch, französisch, englisch, spanisch, russisch* ... Und Sainte-Beuve schrieb seinen Satz im Jahr 1850. Also *Tasso* und *Iphigenie* hätten schon zählen können. Sie zählten für ihn nicht. Auch nicht im Jahr 1810, als Madame de Staël sogar deutsche Klassik in beiden Hinsichten kümmerlich fand, sowohl wenn damit die Nachahmung der Griechen wie auch, wenn damit ein möglichst hoher Grad der Vollkommenheit bezeichnet werde. Auch sie konnte nur ihre Autoren brauchen. Corneille und Racine waren für sie die Klassiker. Goethe und Schiller waren relativ keine. Walter Muschg hat das scheinbar Widersinnige gesetzhaft formuliert: »Jede Klassik hat ihre Grenzen – sonst wäre sie keine.« Unser Klassiker bringt *unsere* Geschichte zum Ausdruck. Also können *wir* ihn brauchen. Das kann wirklich jede Art von Geschichte sein. Shakespeare ist auch ein deutscher Klassiker, weil er in einem Augenblick unserer Sprachgeschichte aufgenommen und verkraftet wurde, der für die Geschichte unseres Sprach- und Selbstbewußtseins wie ein Geburtsaugenblick war. Shakespeare wurde unserer Sprache genau in dem Zeitpunkt einverleibt, als sie dem Hof- und Kirchendienst entlaufen und auf größte weltliche Abenteuer gierig war. Das mag ungerecht sein gegenüber Calderón und anderen. Aber solche Konstellationen sind, wenn sie versäumt wurden, wahrscheinlich ein für allemal versäumt.

Deshalb muß wahrscheinlich die übrige Welt ohne Kleist auskommen. Frankreich versucht gelegentlich, das zu korrigieren. Es scheint nicht zu gelingen. Kleist bleibt ein rein deutscher Klassiker. Hebbel muß man geradezu in Schutz nehmen vor Weltbühnen. Meister Anton, uns ganz ans Herz gewachsen, müßte in New York komischer wirken, als ihm guttut. Harriet Beecher-Stowe hat so viele Gewissensbisse der angelsächsischen Herrschaftsreligion gegenüber den Schwarzen ausgearbeitet, daß *Uncle Tom's Cabin* ein klassisches Buch wurde für die Nation im Werden. Eine Nation im Werden ist scharf auf Klassiker. Sie braucht Klassiker. *Onkel Toms Hütte* wird bei uns kein Klassiker. Nicht einmal Melville. Für die Amerikaner ist Captain Ahab eine Verständigungsfigur, für uns ist er in all seiner Zusammengesetztheit eher erträglich in einer Fassung für die reifere Jugend oder gleich als Kinoheld. So wie Robert Walser zu viele Gräser voraussetzt zwischen Biel und Berlin, um in Amerika über den Campus hinaus brauchbar zu sein. Vielleicht ein anderes Mal. Vielleicht geht es aber überhaupt nicht, weil die Wendungen, in denen dieser Autor seine Elendigkeit bejubelt, von seiner Sprache nicht einfach transportiert werden, sie sind unablösbar diese Sprache selbst geworden. Dieses Vermögen hat jetzt die deutsche Sprache von ihm. Hölderlin und Heine! Unübersetzbar der eine, spielend leicht übersetzbar der andere. Hölderlin ist auch ein Sprachzustand selbst. Die deutsche Sprache kommt nicht mehr ohne ihn aus. So wie sie nicht mehr auskommt ohne das Goethe-Vermögen. Und nicht ohne die Errungenschaften Schillers. Man muß sich nur eine Sekunde vorstellen, Goethe, Schiller, Hölderlin hätten nicht gelebt, dann fehlt unserer Sprache gleich so viel, daß man, wenn man sich diesen Mangel vorzustellen versucht, in einem kalten Schrecken landet und das Experiment eher hastig als gemütlich abbricht. Wir leben von ihnen. Unsere Sprache ist das Geschichtlichste, was wir haben. Da uns verschiedene Tanz- und Ordnungstraditionen der Mücken fehlen, wären wir ohne die Errungenschaften unserer Sprache ärmer dran als jede Mücke im Schwarm. Und diese Sprache sammelt und vermehrt in jedem Klassiker ihr Vermögen. Jeder schafft, was fällig ist. Wenn man das nicht immer als Leistung, sondern als Zuwachs, Glück und Ernte sähe, wäre man dem Vorgang näher. Was mußte von Luther bis Goethe gedacht und geschrieben werden, bis endlich ein Mensch exemplarisch zu sich kommen durfte. Der erste, der der Kirche entging. In der Musik konnte der Befreier Bach offenbar an der Befreiung noch gar nicht teilnehmen. Hölderlin fand bei Lebzeiten kein nationales Gehör, weil er seine Dürftigkeit so völlig auf den Gang der nationalen Geschichte spezialisierte. Je weniger sein Dienst erkannt wurde, desto fremder wurde sich der Dienst-Tuende. Und sogar noch diesem Vorgang der Zerstörung durch Nichtgesehenwerden schafft er ein sprachliches Fassungsvermögen. Das steuert er bei. Und was er so sprachlich beisteuert, wird um so fester, je unfester der Schreibende wurde. Er schafft das Nationelle. Positiv war es nicht zu haben. Nur als Ausdruck des Mangels, als ersehntes Einundalles. Wir haben seitdem den Text. Wenn uns danach ist. Die meisten gehen unangesehen, also fassungslos zugrunde. Aber seit der Hölderlintext existiert, dürfte mancher Unangesehene diesen Text zu seiner eigenen Vergewisserung gebraucht haben. Was für ein Mensch geht mit jedem von uns zugrunde: das haben wir von denen, von den Hölderlin bis Fichte. Lauter Antworten auf etwas, was einem die Sprache verschlagen möchte.

Ich kann aber nicht behaupten, daß Brauchbarkeit eine harmlose Kategorie sei. Was geschieht nicht alles durch das Zitieren. So wie die Pfarrer mit ihren Texten Kanonen segneten und segnen, so wurde mit Goethe, Schiller, Hölderlin der Heldentod und Schlimmeres gesegnet. *Segnen* heißt heute *legitimieren*. Immer wenn man etwas nicht auf die eigene Kappe zu nehmen wagt, holt man sich einen klassischen Gewährsmann. Es sollte einmal untersucht werden, was sich hinter dem schönen Brauch, Sätze eines anderen zu zitieren, alles verbirgt. Immer noch das lebendigste Beispiel: wie Thomas Mann Goethe zitiert. Zuerst in den *Betrachtungen eines Unpolitischen*. Um zu beweisen, daß das deutsche Wesen zur Monarchie neige und Demokratie nur etwas für Franzosen sei, zitiert er, man muß schon sagen, ruchlos Goethe herbei: was sich zwischen 1749 und 1832 an Antidemokratischem auftreiben läßt, ist ihm recht. Er benutzt es, um seine eigene Abneigung gegen Demokratisches in den Jahren vor 1918 zu legitimieren, als wäre etwas, was gegen die Französische Revolution entstanden ist, im Ersten Weltkrieg noch UNVERÄNDERT und DIREKT brauchbar. Thomas Mann hatte das nicht nötig. Ihm selber ist soviel Blumiges eingefallen gegen die Demokratie. Aber er fühlte sich schwach in diesem Kampf gegen die zeitgenössische Tendenz zur Demokratie. Er ist in Not. Also greift er zum Klassiker. Und mißbraucht ihn. 1932, zum 100. Todestag, zitiert er dann einen etwas anderen Goethe, die Rede heißt: »Goethe als Repräsentant des bürgerlichen Zeitalters«. Das ist das, was Thomas Mann inzwischen selber geworden war. Noch immer braucht er einen Gewährsmann gegen Politisches. Schiller, das ist Politik, Schiller ist ein »internationaler Patriot«, Goethe ein »kerndeutscher Unpatriot«. So redet er mit Schiller und Goethe immer von Heinrich und Thomas Mann. Das Goethe-Porträt wird so zusammenzitiert, daß Goethe jetzt ausgezeichnet wird durch »eine eigentümliche Kälte, Bosheit, Medisance, eine Blocksberglaune und naturelbische Unberechenbarkeit . . . « Bevorzugt werden Zeugen, die bei Goethe »das Elementare, Dunkle, Boshafte und Verwirrende ja Teuflische« bemerkt haben. Aus der »naturelbischen Unberechenbarkeit« wird dann in der *Lotte in Weimar* die »naturelbische Dichtergesinnungslosigkeit«, womit das Selbstporträt im Goethezitat vollkommen beherrschend geworden ist. Mir kommt der alte Goethe vor als einer, der vor allem hell und gesund sein will. Aber Thomas Mann braucht Goethe-Material, um damit eine Selbstdarstellung arrangieren zu können, die er unter seinem eigenen Namen nicht riskieren möchte. Jeder Zitierende ist in Not. Und schon hat er einen Klassiker zur Hand. So weit wie Thomas Mann sind wenige gegangen im Sich-helfen-Lassen, deshalb ist er ein starkes Beispiel für die jeweilige Brauchbarkeit des Klassikers. Der alltägliche Gebrauch ist harmloser. Jeder weiß aus eigener Erfahrung, wie schön es ist, einen Satz zu zitieren, den man brauchen kann, der einem so recht ins Konzept paßt. Wer ist man denn zu behaupten, daß . . . Aber wenn man sein bißchen Meinung oder eine dürftige Erfahrung so arrangiert, daß man ganz selbstverständlich den Klassiker dazuspannen kann, wie ich vorher Fichte, dann ist man einen Augenblick lang fein heraus. Praktisch geht das so: Man möchte etwas sagen, im Innersten der Person, in ihrem dunkelsten Winkel blitzt immer wieder etwas von dem, was man sagen möchte, aber man kriegt es nicht. So tauchen Fische auf im Wasser, man sieht sie erst, wenn sie wieder verschwinden. Ihr Rücken ist ja, solange sie sich nähern, dunkel, hebt sich von der Wassertiefe, aus der sie kommen, nicht ab. Der Silberbauch blitzt erst auf, wenn der Fisch sich wieder hinabwendet. Wie soll man diesen nur im Verschwinden auftauchenden Gedanken denn fassen? Ruhig sein. Dem, was verschwinden will, nicht nachrennen. Warten. Wenn es da ist, wird es sich wieder zeigen. Keine Tendenz haben wollen. Passiv sein. Der Satz, der bringen soll, was du in dir hast, ist ja noch unendlich schwach. Der zerbricht an dir. Du mußt also noch schwächer sein als dein Satz. Dann kommt er. Dann traut er sich. Dann hast du ihn. Aber glaubst du es dir, bloß weil du's sagen kannst? Jetzt blitzt der Klassiker auf. Auch so ein Fisch. Aber der kommt schneller. Der ist nicht scheu. Der schnappt zu mit bewährtem Maul und hat dich. Du hast das Gefühl, der Klassikersatz passe zu deinen Sätzen. Ein schönes Gefühl, wirklich. Du bist aufgenommen in eine lange Geschichte. Aber was hättest du getan, wenn es diesen Goethesatz nicht geben würde? Überflüssige Sorge. Es gibt immer einen Goethesatz. Und was auch immer schon an Vortragspulten mit Zitaten angerichtet wurde, ich kann mich nicht gegen diesen Brauch einnehmen. Sicher ist es das Allererbärmlichste, Klassiker zur Machtausübung einzusetzen. Es ist genau das, was das Kreuz über dem Kanonenrohr ist, der äußerste Mißbrauch. Ohnmacht ist ja der Grund der Klassikersätze, die nachher zur Legitimierung irgendwelcher Macht genutzt werden. Die Sprache, die aus Legitimationsdefiziten entstand, wird dann zur Legitimierung eingesetzt. Unterlegitimiertheit ist der Zustand, gegen den diese Klassikersätze entstanden sind. Auch bei Goethe. Diese Gefühle waren vor ihm nicht legitim. Sie waren weder getauft noch taufbar. Vor Goethe war es riskant, die eigene Schwäche so zu fassen. Und jetzt wird das seelenruhig zitiert. Eigentlich taugt kein Satz zweimal. Und doch, aus einer Schwäche einmal eine Stärke machen, das führt, wenn Kafka am Werk ist, zur Klassikerbrauchbarkeit. Komisch ist nur die Rüstungsillusion. Der Klassiker ist tot, der, der ihn gebraucht, lebt. Das ist einerseits eine unendliche Überlegenheit. Nichts ist größer als das Leben. Andererseits gibt es natürlich nichts Verletzbareres als etwas Lebendiges. Alles soll glücken. Aber wie denn? Klassiker geben keine Handlungsanweisungen. Rational läuft da nichts. Ich will hinaus auf den höchsten Gebrauch, den man von Tradition machen kann. Ich will hinaus auf ein Zitat. Ein Klassikerzitat. Auf ein Klassikerdoppelzitat sogar. Ich will hinaus auf den Satz, mit dem Nietzsche seine Abhandlung *Vom Nutzen und Nachteil der Historie für das Leben* eröffnet. Nietzsche fängt mit einem Goethesatz an. Ich will hinaus auf den Goethesatz, mit dem Nietzsche anfängt: »Übrigens ist mir alles verhaßt, was mich bloß belehrt, ohne meine Tätigkeit zu vermehren oder unmittelbar zu beleben.«

Die uns beleben, die können wir brauchen, das sind Klassiker.

Über Macht und Gegenmacht

Liebe Kolleginnen und Kollegen, meine Damen und Herren, wie wird man in irgendeiner Zukunft unsere Versuche beurteilen, die revolutionären Techniken, die uns jetzt an die Hand gegeben werden, zu unseren Gunsten zu verwenden? Wir wissen nur, daß die, die vor 150 Jahren die Eisenbahn für Teufelswerk oder kreislaufgefährlich gehalten haben, sich irrten. Ich empfinde die Beeinflussungspotentiale, die im Augenblick entstehen, zumindest als abenteuerlich. Ich gehöre aber zu denen, die glauben, daß wir nicht zurück können. Ich habe keinerlei Beweis für diesen Glauben. Er stammt aus einem Gefühl, das bei mir entstanden ist durch den Umgang mit unserer Geschichte. Also weiter! Was übrigens nicht unbedingt Fortschritt heißen muß.

Vor ein paar Tagen las ich in der *Frankfurter Allgemeinen Zeitung* den Satz: »Ich habe Mitterrand erlaubt, den Franzosen ein schönes Weihnachtsgeschenk zu machen.« Gesagt hat das ein gewisser Silvio Berlusconi, der in der Zeitung unter der Überschrift *»Wachsender Riese«* vorgestellt wurde. Ich sage: ein gewisser Berlusconi. In Zukunft wird man von ihm vielleicht sprechen wie wir von den imperialistischen Abenteurern Sir Francis Drake und Cecil Rhodes. »... ein neuer internationaler Medienriese, der seine Schatten auf Europa wirft«: so malte die Zeitung. Zuerst die Trabantenstädte »Milano 2« und »Milano 3« gebaut, jetzt der Griff nach dem Fernseh-Satelliten, der größten Beeinflussungspotenz unserer

Geschichte. Gestatten Sie, bitte, daß ich mich noch etwas an dem seriösen Porträt bediene, das die konservative Zeitung liefert. »Zwar bringen ihn Wochenzeitschriften mit finsteren Eminenzen der Hochfinanz in Verbindung, vor dem Untersuchungsrichter gab er 1981 seine Mitgliedschaft in der Freimaurerloge ›Pi due‹ des betrügerischen Lucio Gelli zu – aber Gesetzwidriges sagt ihm niemand nach.« Diese Art Glücksritter können also die Leute sein, die nach dem Gusto der Medienprivatisierer für mehr Meinungsvielfalt sorgen sollen. Früher haben Glücksritter ihren feudalen Bossen Gold und Länder erobert, heute reißen sie sich den sogenannten Himmel unter den Nagel, um zu bestimmen, was wir – und zwar vom Kind bis zum Greis – Tag und Nacht sehen sollen. Dreißig Kanäle, hat jemand ausgerechnet, können für die Bundesrepublik pro Jahr 110 000 Programmstunden zur Verfügung stellen. Ein Menschenjahr hat aber leider nur lächerliche 8760 Stunden. Also auch wenn wir uns Tag und Nacht hinhocken, das Verhältnis von Angebot und Nachfrage-*Möglichkeit* ist und bleibt grotesk. Aber der Medienexperte der bayerischen Staatsregierung, Staatssekretär Edmund Stoiber, versichert, daß »die kulturelle Vielfalt in den künftigen Programmen gesichert« sei. Ein schwarzer Trost.

Jener gewisse Berlusconi wird in Italien »Seine Emittenz« genannt. Die *FAZ* nennt ihn einen »Medienzaren«. Auch wenn die Herren, die bei uns gegen die öffentlich-rechtliche Einfalt auftreten, weniger abenteuerlich wirken als »Seine Emittenz« Berlusconi –, wir haben allen Grund, auf dieses sich jetzt bildende Beeinflussungspotential zu reagieren. Und nicht nur essayistisch, sondern durch Organisation. Deshalb also dieses neue, schwierige, auch nicht ganz unabenteuerliche Gebilde Mediengewerkschaft. Aber wenn nun einmal das 21. Jahrhundert sich ankündigt, darf die Gewerkschaft nicht im 19. stehen bleiben.

Durch diese neuen Beeinflussungspotentiale kann das, was wir bisher als öffentliche Meinung so öffentlich wie möglich zu machen versuchten, zu einem Teilbereich der Werbewirtschaft degenerieren. Die öffentliche Meinung ist aber, wenn nicht mehr, so doch mindestens so etwas wie das Nervensystem der Demokratie. Vielleicht ist die öffentliche Meinung sogar die einzige Möglichkeit, eine demokratische Verfassung vor Mißbrauch und Verrottung zu bewahren. Zweifellos war die öffentliche Meinung das bürgerliche Befreiungsinstrument schlechthin. Sobald der Bürger die Praktik des Feudalismus öffentlich benannte, war die Gesetzlosigkeit dieser Herrschaft offenbar, sie war nicht mehr legitim. Die öffentliche Meinung ist also so ehrwürdig wie die Verfassung. Aber sie, die die Verfassung schützen soll, ist selber einigermaßen schutzlos. Das liegt fast in ihrer Natur. Gestatten Sie in diesem prekären Augenblick eine Erinnerung an die Geburtsstunde der öffentlichen Meinung, beschrieben vom großen deutschen Prosaisten und Demokraten Georg Forster: der war ein Sohn des armen Dorfpfarrers von Nassenhuben bei Danzig, segelte mit dem Vater auf Cooks Schiff um die Welt, schrieb ein schönes Buch darüber, wurde deutscher Jakobiner und Präsident des Mainzer Jakobinerklubs, der erste durch Wahlen entstandene Rheinisch-deutsche Nationalkonvent schickte ihn nach Paris, dort starb er 1793 neununddreißigjährig, aber vorher hat er noch Berichte herübergeschickt über den Revolutionsalltag, und es ist ihm fast nichts wichtiger in seinen Berichten als dieses Entstehen einer wirklich öffentlichen Meinung. »Morgens sieht man alle Hökerinnen auf der Straße über ihrem Kohlenfeuer sitzen und die Zeitungen lesen ... « Forster beschreibt, wie die öffentliche Meinung die Revolution leitet. Man kriegt eine sehr hohe Meinung von der öffentlichen Meinung, wenn man liest, wie weltgeisthaft sie damals in Paris am Werk gewesen sein muß. Die öffentliche Meinung muß in diesem wilden Gewoge der miteinander streitenden Freiheitsversuche das eigentlich Legitimierende, die eigentliche Rechtfertigungs-Quelle gewesen sein. Das Bürgerrecht, sagt Forster, fließt in diesen Revolutionstagen »unmittelbar aus der öffentlichen Meinung, und ist ihre eigentliche Stimme; bei Euch«, ruft er nach Deutschland hinüber, »möchte man, umgekehrt, eine öffentliche Meinung damit heraufzaubern und auf dieselbe wirken«. Kluger, weiser Forster. In Deutschland, fürchtet er, wird also nicht das Bürgerrecht aus der öffentlichen Meinung stammen, sondern man wird irgendwie ein Bürgerrecht heraufzaubern und dann öffentliche Meinung damit machen, von oben nach unten also. Die deutsche Geschichte hat ihn leider bestätigt. An seine deutschen Leser schreibt er: »Wie manches mag nicht bei Ihnen zusammen kommen, um die Gegenstände in einem falschen Lichte und durch allerlei Media zu zeigen, deren verschiedene Refraktion sie verzerren und verunstalten kann, ehe sie bis ins Auge gelangen.«

Damit hat dieser realistischste unter den deutschen Intellektuellen fast schon vom Fernsehen und also vom

Medienzeitalter gesprochen. Und wir, die Schriftsteller, meine ich, müssen uns, da die Philosophen sich wohl nicht so schnell bei der IG Medien Druck und Papier, Publizistik und Kunst melden werden, ein bißchen zuständig fühlen für das, was der öffentlichen Meinung passieren kann in den Händen von Medien-Glücksrittern und Einflußnehmenden aller Art. Wir haben glänzende Philosophen, die wachen über alles, also auch über die öffentliche Meinung. Aber liest die Macht die edition suhrkamp? Sind Bibliotheken eine Gegenmacht? Die preußische Zensurinstruktion hat auf jeden Fall in Büchern über 21 Bogen alles gestattet, was sie in Zeitungen drastisch verboten hat. Wenn die öffentliche Meinung in den Händen derer ist, die durch sie kontrolliert werden sollen, dann ist – um im Bilde zu bleiben – das Nervensystem unter Vollnarkose. Und die Mächte, die dergleichen an den Himmel zaubern könnten, reagieren weniger auf die uns so wichtigen Bücher und Bibliotheken als auf Gegenmacht.

Der Schriftstellerverband hat deshalb den Anschluß bei der IG Druck und Papier gesucht und zum Glück gefunden. Für das, was von Dieter Lattmann, Thaddäus Troll, Helmut M. Braem, Ingeborg Drewitz, Carl Amery, Bernt Engelmann, Ursula Bräuning, H. P. Bleuel und von vielen anderen für die Schriftsteller erreicht wurde, muß jeder Kollege, ob er dem Verband angehört oder nicht, rückhaltlos dankbar sein. Mir ist nicht ganz verständlich, wie man als Schriftsteller die Vorteile genießt, die die Kollegen in der Organisation erarbeiten, ohne daß man sich selber dieser Organisation anschließt. Mir ist auch nie ganz verständlich geworden, daß leuchtend linke Namen unserer demokratischen Pubertätsjahre nachher nie in den Mitgliederverzeichnissen der Berufsorganisation aufgetaucht sind. Das war wohl doch nur gegenstandslose Lyrik von Bürgersöhnen, die ihre immer liberaler werdenden Väter durch immer radikalere Töne ärgern mußten. Es ist klar, jeder, der nicht in den Schriftstellerverband, nicht in die Mediengewerkschaft eintritt, erspart sich die Erfahrung der Praxis, die Mühsal des Konkreten, die Gemeinheit der Tagesordnung. Ich war nicht bei jedem Schritt, der getan wurde, dabei, aber ich war mitbetroffen von den Schwierigkeiten, in die unser Verband geraten ist. Es sind deutsche Schwierigkeiten. Die deutsche Spaltung wirkt in die Organisation hinein. So peinlich das im konkreten Fall immer ist – eine deutsche Organisation, in der diese deutsche Schwierigkeit überhaupt nicht auftaucht, muß fürchten, nicht mehr so ganz deutsch und vielleicht bloß noch westdeutsch zu sein. Solange die Nation eine gespaltene ist, muß die Peinlichkeit dieser Spaltung in allem, was nennenswert ist, bemerkt, ertragen und verkraftet werden. Kollegen, die sich gezwungen sahen, die DDR zu verlassen, haben sich gestoßen an der Art, wie hiesige Kollegen sich gegenüber Repräsentanten sozialistischer Staaten verhielten. Aber auch viele von den hiesigen Kollegen finden es sehr schwierig, mit der weniger hiesigen Fraktionstendenz einiger Kollegen auszukommen, die östliche Parolen vertreten, als sei das ihre Sache. Das ist das deutsche Problem.

Es gibt diesen Ost-Sozialismus, der unter anderem auch aussieht wie eine Parodie auf Ideen des 19. Jahrhunderts; es gibt aber auch die Hoffnung, daß aus dem real existierenden Sozialismus ein wirklicher werden könnte. Als bei uns die DKP gegründet wurde, habe ich auch eine Zeitlang geglaubt, sie könne eine hiesige Partei werden. Sie ist es, nach meiner Meinung, nicht geworden, sie ist eine Filialpartei geblieben. So wie die Parolen, die aus dieser Richtung kommen, Filialparolen sind. Sachen sind mit diesen Parolen hier nicht mehr auszudrücken oder zu fördern. Diese Parolen sind abgedroschen. Die Schwierigkeit entsteht aber dadurch, daß wir dem Osten eine Entwicklungsmöglichkeit zugestehen müssen; auch um unseretwillen. Wenn wir ihn aber nur als etwas behandeln, was abgeschafft werden muß, dann haben wir diese deutsche Aufgabe verfehlt. Insgesamt ist das deutschdeutsche Verhältnis jetzt auf einem besseren Weg als zur Zeit des Adenauerschen Wiedervereinigungsgetrommels.

Die Politiker sind den Schriftstellern inzwischen voraus. Carl Amery hat unsere Verbands-Lage genau formuliert, als er sagte: »Also, was mir am meisten Kummer macht, das sind die Wahrheitsbesitzer auf beiden Seiten.« Dieser Kummer wird uns noch eine Zeitlang treu bleiben. Der Weg zur Mediengewerkschaft ist schon ganz schön markiert mit Abspringern und Ausscherern und Abgeschreckten. Ich habe mich manchmal darüber gewundert, wie laut manche Schriftsteller aus dem Verband ausgetreten sind und wie leise sie drin waren. Sie haben sich an Vorgängen gestoßen, die mit unserem eigentlichen Verbandszweck nichts zu tun hatten. Dieter Lattmann hat vor kurzem gesagt, im Augenblick sei Organisation bei Intellektuellen nicht Mode. Lattmann und andere haben ausgedrückt, daß bei Autoren Erfolg und

Lust zur Organisierung sich umgekehrt proportional verhalten. Aber war Böll nicht immer dabei? Hat Grass je Zeichen politischer Ermüdung oder gar abnehmender Reizbarkeit gezeigt? Vor allem aber: wenn der Grund zur Organisierung gegeben ist, dann ist das Selbstbewußtsein der Organisation nicht vom Erfolg der Organisierten abhängig, sondern vom Erfolg der Organisation. Der Grund zur Organisierung ist unsere Ohnmacht als einzelne. Journalisten, Musiker, Cutter, Kameraleute, Maler, Grafiker, Toningenieure, Redakteure, Schauspieler, Sänger, Schriftsteller bzw. Schriftstellerinnen, Journalistinnen, Musikerinnen, Cutterinnen, Malerinnen, Grafikerinnen, Redakteurinnen, Schauspielerinnen, Sängerinnen: durch solche Berufsfelder wird sich das klassische Berufsfeld der IG Druck und Papier also zur Mediengewerkschaft mausern. Im Lauf der Zeit. Ich wüßte nicht, wie die Interessen derer, die im Kulturbetrieb oder – wie ich ihn lieber nenne – im Ausdrucksgewerbe beschäftigt sind, wie die besser zu vertreten wären in einem Zeitalter, in dem Macht hauptsächlich ausgeübt wird durch Beeinflussung. Macht wird transformiert in ein lay out, sie wird genießbar gemacht.

Medienmanager handeln schon mit den Werbesendungen, die man per Satellit auf China hinabstrahlen kann. »Private Anbieter« lassen die neuen Himmelsmächte sich nennen, wenn sie die öffentlich-rechtliche Einfalt mit ihrer kulturellen und sonstigen Vielfalt austricksen wollen. *SAT 1*, *Sky Channel*, *Musikbox*, *TV 5*, *RTL plus* usw. stehen täglich in der Zeitung. Ich glaube, es wäre sentimental, wenn wir so täten, als seien diese Mächte noch zu verhindern. Es wäre sentimental, demokratisch schmollend auf nichts als öffentlich-rechtlichen Anstalten zu bestehen, während der Himmel sich schon mit Kommerzsatelliten füllt. Ich weiß die öffentlich-rechtliche Konstitution wirklich aus langer Erfahrung zu schätzen, aber ich halte sie, wenn der erste Schock verkraftet ist, auch für konkurrenzfähig. Sollten wir, anstatt zu klagen, nicht unser Vokabular, unser Konzept überprüfen? Sprechen wir die Sprache derer, die als Techniker und Programm-Macher schon im Dienst dieser neuen Einflußpotentiale sind? Müssen wir nicht inhaltlich ausdrücken, was wir meinen, wenn wir der Mediengewerkschaft in die Satzung schreiben: »Demokratisierung der gesellschaftlichen Bereiche, in denen Information, Bildung, Kunst und Unterhaltung produziert und vermittelt werden«?

Und: »Demokratisierung aller Betriebe, Unternehmen und Einrichtungen im Bereich von Presse, Hörfunk, Fernsehen, Film und sonstiger elektronischer Medien.« Wenn das unter »Grundsätze und Ziele« der Mediengewerkschaft beschlossen wird, können wir gefragt werden von jedem, der eintreten will, ob er mitarbeiten müsse, aus sogenannten privaten Anbietern öffentlich-rechtliche Anstalten zu machen? Meinen wir mehr oder weniger? Wirken da noch ehrwürdige, aber inzwischen auch schon ausgedroschene Parolen nach? Genügt es, den smarten Gorbatschow mit dem harten Reagan zu vergleichen, oder müßten nicht gerade wir die *Prawda* und die *New York Times* in diesen Vergleich einbeziehen oder, um es hart zu trimmen: das *Neue Deutschland* und die *FAZ*? Sollten wir nicht für alle unmißverständlich mitteilen, daß wir nicht an der Etablierung von Macht, sondern an der Schaffung einer Gegenmacht interessiert sind?

Das ist sozusagen die Würde unserer Organisation, daß sie die vereinigt, die per Verfassung ohnmächtig sind: einzelne, Abhängige. Nur der Ohnmächtige ist an Demokratie unter allen Umständen interessiert, seien sie katholisch, kommunistisch oder privatanbieterhaft. In dreißig Jahren Ausdrucksgewerbe habe ich keine Erfahrung gemacht, die deformierender, verheerender, krankmachender gewesen wäre als die Erfahrung der Ohnmacht. Ich weiß auch, daß ich nicht meine ganze Ohnmacht in einer Gewerkschaft unterbringen kann und dann fein heraus bin. Aber ich glaube, die munteren Bezeichnungen »freier Schriftsteller«, »freier Mitarbeiter« verbergen mehr, als sie sagen. Was die Erfahrung der Austauschbarkeit, Überflüssigkeit und Abhängigkeit angeht, kann es der sogenannte freie Schriftsteller oder freie Mitarbeiter mit jedem Arbeiter oder Angestellten aufnehmen. Diese Ohnmacht ist etwas anderes als Machtlosigkeit. Die meisten von uns wollen keine Macht, sie wollen sich nur schützen gegen die ökonomischen und damit vitalen Anmaßungen der Macht. Das ist unser Interesse. Als ich als Student anfing, im Stuttgarter Funkhaus zu arbeiten, fielen mir bald die älteren Herren auf, die meistens eine dünne Mappe unter den Arm geklemmt hatten und in einer Art universaler Demutshaltung zu den Türen der Büros pilgerten und, wenn auf ihr Klopfen ein Herein erfolgte, mit einem nicht so recht gelingenwollenden ironischen Lächeln bei denen eintraten, die bestimmten, ob und unter welchen Bedingungen ihr Manuskript angenommen werde. Mir haben sich diese älteren Männer und die, von denen sie abhängig waren, tief eingeprägt. Daß Macht nur mißbrauchbar ist, wurde im

Laufe der Jahre meine wichtigste Erfahrung. Ich habe noch keinen einzigen Menschen getroffen, der durch Machtbesitz nicht entstellt worden wäre. Außer Macht ist mir nichts wirklich Verachtenswertes begegnet. Glaubt wirklich noch jemand, daß ein Satellit, der von einer Partei betrieben wird, vorzuziehen sei einem sogenannten privaten Anbietersatelliten? Macht ist in dem Maße schlimm, wie sie unkontrollierbar ist, egal wer sie ausübt. Wenn unsere Politiker zu Hofe gehen, ist es öfter der Hof eines Medienzaren. Eine Gesellschaft, in der die öffentliche Meinung durch Verabredung entsteht, ist eine Betrugsgesellschaft. Ich glaube daran, daß die Betrogenen sich helfen: durch Samisdat, alternative Zeitungen, Kleinstverlage, durch Witz und Hohn und Spott, aber eben auch, und am wirksamsten, durch Organisation.

Das ist das Charakteristikum der Gegenmacht, daß sie immer erst reagiert, wenn die Macht schon eine weitere Herausforderung plaziert hat. Die Propagandisten des Beeinflussungspotentials werfen mit Programmstunden, Kanälen und Satellitennamen um sich und wissen noch nicht, wer das alles erarbeiten, anschauen, also bezahlen soll. Da wird immer nur von privaten Anbietern geredet, ob es den privaten Nachfrager gibt, wird nicht erst gefragt. Handelt es sich vielleicht doch bloß um den Ausbruch einer vom Kapitalüberfluß geplagten Anlegerphantasie? Da es sich nicht bloß um die riskante Produktion irgendeiner unverlangten Pseudoware handelt, für die sich kein Bedarf erzeugen läßt, sondern um die Produktion von Einfluß, von Macht selbst also, deshalb findet das Abenteuer letzten Endes wohl doch statt. Das Medienzeitalter hat begonnen. Und so soll es aussehen: Die Zeitungen gehören den Leuten, denen die Satelliten gehören, Kritik gibt es, politisch und ästhetisch, als Gesellschaftsspiel. Die Parlamente, von der Privatanbietermeinungsvielfalt überwacht, spielen mit. Einmal im Jahr lädt von Dohnányi die Zaren in die Medienstadt Hamburg und läßt Wissenschaftler kritisch reden. Neumeier tanzt. Ob das zu mehr Demokratie führt? Können wir uns aber weniger Demokratie leisten, als wir jetzt haben? Die Anbieter schon, wir nicht. Daraus ergibt sich, wie sich eine Gewerkschaft im Medienzeitalter entwickeln sollte. Die Gegenmacht muß so international werden, wie es die Herausforderer schon sind. Per Handschlag haben sich gerade in England die Journalistengewerkschaft National Union of Journalists und die Druckergewerkschaft National Graphic Association geeinigt, bei der Einführung neuer Technologien nur noch zusammen mit dem jeweiligen Unternehmer zu verhandeln. Ein Zusammenschluß der beiden Gewerkschaften ist das Ziel dieses deals, der in England als ein historischer Schritt bezeichnet wurde. Mediengewerkschaften in verschiedenen Ländern, dann internationale Zusammenarbeit, dann Gewerkschafts-Multis sozusagen. Wenn Superstrukturen entstehen, die Mitterrand dies und das erlauben können, wird es Zeit, die Organisation weiterzuentwickeln. Eine Organisation muß ihrem Anlaß entsprechen. Deshalb sollten wir jetzt Schuhe machen, in die David wirklich schlüpfen kann, wenn Goliath ihm auf die Füße treten will. Und es sollten Schuhe sein, die mit uns wachsen können.

Ausflug ins Charakterlose

Wo ein Charakter aufhört und der nächste noch nicht begonnen hat, darf man Charakterlosigkeit vermuten. Die Welt ist voll von Charakteren wie die Alpen voller Gipfel. Aber Gipfel bedürfen, um erscheinen zu können, der Gipfellosigkeit. Oft sieht man Charaktere von Charakterlosen umgeben. Vielleicht gerieten Charaktere noch häufiger in Streit miteinander, wenn sie nicht durch Charakterlose voreinander geschützt werden würden. Ohne deshalb zu behaupten, Frauen seien weniger charakteranfällig als Männer, kann man doch – Genaueres für später versprechend – daran erinnern, daß es Charaktere gibt, die nur noch durch die Telephongespräche ihrer Frauen an der Eröffnung der Feindseligkeit gehindert werden. Ohne Frauen hätten sich unsere so farbechten wie randscharfen Charakterkabuki vielleicht sogar schon ausgerottet. Sind die Frauen, nur weil sie noch heilsam sind, charakterlos?

Ach schön, dieser tadelsüchtige, vorwurfsgesättigte Sprachgebrauch, der den Charakterärmeren gleich charakterlos nennt. Wie schön, daß eine Bezeichnung die Rüge des Zustandes ausdrückt, den zu bezeichnen sie nicht schafft. Den Charakterlosen kann es doch so wenig geben wie den Harmlosen, den Lieblosen, den Losen überhaupt. Charakter wird einem von außen verpaßt. Und keiner kann sich so wehren, daß er ganz ohne davonkäme. Also kann man allenfalls charakterarm sein. Und wenn's denn mehr Geste als Griff sein soll, könnte man ja sagen: charakterleer. Der Charakterleere täte einem aber eher leid. Man müßte sich dann ja gleich vorstellen, der leide unter seiner Charakterleere. Dem Charakterlosen dagegen kann man vorwerfen – und dabei steigt der eigene Blutdruck, also nimmt das Selbstgefühl zu –, er genieße seine Charakterlosigkeit geradezu. Für den Charakterleeren spricht aber, daß man ihn um den Charaktervollen gruppieren könnte, sogar in beliebiger Zahl. Das hält der Charakterleere aus. Der Charakterarme dagegen geniert sich ein bißchen vor dem Charakterreichen, das ist klar. Der Charakterarme weiß, daß er mit etwas mehr Charakter besser ausgestattet wäre in dem Schaufensterdasein, das man Lebenskampf nennt. Der Charaktervolle strotzt. Der Charakterarme bis -leere ist sich selber nicht deutlich, er verschwimmt sich. Sein Ich ist eine Wohnung, in die immer noch niemand eingezogen ist. Tapeziert hat er schon, aber er findet seine Tapeten immer noch nicht gut. Er schiebt und schiebt sich auf.

So klingt es, wenn ich mich zwischen ihnen aufzuhalten versuche, aus den einschlägigen Wörtern.

Abstecher nach links: in die Erfahrung. In unseren demokratischen Frühlingsjahren wurden einige von uns ziemlich wild. Als das glücklich vorbei war, operierten die kapitalistisch und kehrten einen furiosen Egoismus hervor. Die Medien waren begeistert. Der durch Kleinbürgerlichkeit zum Extrem immer Unfähige staunt und lernt. Der, der immer vorn ist, wo es ja jeweils langgeht, ist wahrhaft und wirklich nicht charakterlos, sondern immer übervoll davon. Gesetzlich gesagt: Wer Charakter hat, hat immer welchen. Gleich noch eins: Je mehr er hat, desto weniger muß es immer derselbe sein. Man kann sich im Laufe der Zeit unähnlich werden, ohne dabei an Deutlichkeit abzunehmen. Man muß ein Gesicht, bevor man es verliert, nur rechtzeitig ablegen und sich resolut ein neues zutun. Da alle anderen auch mit solchen Entwicklungen beschäftigt sein dürften, bleiben die Verhältnisse gleich, obwohl sich einiges geändert hat. Möglich, daß sich so etwas ergibt, das man dann gern Wende nennt.

Noch bewundernswerter ist jener Charaktervolle, der nicht verschiedene Epochen braucht, um zuerst der und dann der andere Charakter zu sein, sondern der gleichzeitig einander ziemlich entgegengesetzte Charaktere praktiziert. Unverlierbares Beispiel, Thomas Mann, 1914: Die hitzigste Kriegeslust in trompetenhafter Prosa, aber auch die allergrößte Unlust, persönlich an dem teilzunehmen, was er anderen so sehr empfahl. Der Charakterarme dagegen weiß nicht, ob er, bloß weil er an einem Krieg nicht teilnehmen möchte, andere aufrufen soll, tüchtig zu kämpfen. Thomas Mann hat später, als er, durch Zustimmung anderer, seiner selbst schon mehr als sicher sein durfte, sich überflüssigerweise eines Mangels gerühmt; er hat ihn seinem Selbstporträtmedium Goethe angedichtet; *naturelbische Dichtergesinnungslosigkeit* hat er Goethes beziehungsweise seine eigene Verfassung genannt. Dabei hatte gerade er immer mehr als *einen* Charakter zur Verfügung, also auch die dazugehörigen Gesinnungen, also von -losigkeit kann bei ihm überhaupt die Rede nicht sein. Thomas Mann hatte Charakter im Überfluß. Er strotzte. Davon profitiert der genießende Leser bis auf den heutigen Tag: alle Figuren dieses

Autors sind in jedem Augenblick randscharf präsent, und das vor allem durch das Urteil, das ihr Autor andauernd über sie fällt. Er beurteilt sie für uns ununterbrochen. Sie sind praktisch nur als Urteilsausflüsse eines unendlich urteilsreichen Autors präsent. Überzeichnung verrät Charakterfülle. Ein Merkmal des Charakterlosen: urteilen fällt ihm schwer, verurteilen kann er fast gar nicht. Er läßt eher alles gelten. Ihm ist fast alles gleichgültig. Gut, er wehrt sich auch einmal gegen diesen oder jenen, vor allem wenn er sich bedroht fühlt, also Angst hat, oder wenn er schon verletzt worden ist. Aber halt gar nicht prinzipiell. Es bleibt nicht aus, daß er nicht einverstanden ist mit sich. Strikt gegen sich ist er nur deshalb nicht, weil er nicht genau wüßte, gegen was er da eigentlich sein sollte. Aber er ist uneinverstanden mit sich, das schon. Und das dauerhaft. Zum Charakter gehört vor allem, daß man einverstanden ist damit, daß man ihn hat. Den schlechten Charakter hat ja immer ein anderer. Das ist das Günstige beim Charakterhaben.

Ich stelle mir vor, daß der Charakter das andauernd vom Selbstempfindungswind bewegte Fahnentuch der Persönlichkeit ist. Die Persönlichkeit flaggt Charakter.

Noch schwerer als im Politischen hat es der Charakterlose in der Kunst. Am meisten Charakter hat da natürlich der Kritiker. Aber im Gegensatz etwa zu Thomas Mann hat der Kritiker oft nur *einen* Charakter. Oft hat er nichts als das. Andererseits kann es eine günstigere Voraussetzung für unentwegte Urteilstätigkeit gar nicht geben. Der Kritiker ist sich selbst so deutlich wie nichts sonst, also mißt er jede Kunsterscheinung mühelos an sich selbst. In der Malerei und in der Musik gibt es noch oder gab es bis vor kurzem noch hinderliche Maßstäbe. In der Literatur gibt es schon länger nur den jeweiligen Kritiker als einzigen und einzigartigen Maßstab. Was ihm vorschwebt, ist immer er selbst. Überdeutlich. Der Einverstandenheitsgrad mit sich selbst grenzt da natürlich ans Absolute.

Ich spüre, daß ich mich jetzt auf jene Art täusche, die man auch dann nicht korrigiert, wenn man sie als Irrtum erkannt hat. Es gibt Irrtümer, an denen hängt man inniger als an jeder Wahrheit. Der Irrtum über den Kritiker liegt in der Verallgemeinerung. Man beschreibt photorealistisch den, dem man am häufigsten begegnet. Das hat er nun von seiner Medienomnipräsenz. Und die hat einer, wenn er sich so ausdrückt, daß man auch im plappervollen Abteil keinen Satz zweimal lesen muß. Am Kritiker erlebt man, wie Macht den Charakter düngt. Je mehr Macht, desto mehr Charakter. Je mehr Charakter, desto mehr Macht. Auf jeden Fall kommen Kritiker, denen es gelingt, Machtausübung zu vermeiden, mit weniger Charakter aus. Und wir müssen ja aus ökologischer Erzogenheit jetzt versuchen, immer mit möglichst wenig auszukommen. Je mehr Charakter, desto mehr Sauerstoffverbrauch, das ist wohl klar.

Der Charaktervolle hat Sinn für Kostüm, Auftritt, wertvollen Glanz. Wenn man sieht, wie abstoßend oft Charakterlose wirken, könnte man fast an Gerechtigkeit glauben. Zum Glück gibt es den Charakterlosen nur als Schimpfwort und nicht in Wirklichkeit. Aber der so Bezeichnete hat es schwer genug, zwischen den vor Rechtschaffenheit dröhnenden Großcharakteren ein bißchen Luft zu schnappen. Aber kein Mitleid mit ihm.

Ist es nicht erstaunlich, daß der Charakterlose es überhaupt aushält bei sich, mit sich, an sich. Der Charakterlose müßte doch am Grad seiner Unterlegitimiertheit einfach zerbrechen, zergehen. Aber wenn man den Aussagen der Charaktervollen glauben darf – und das muß man ja –, dann befindet sich der Charakterlose wohler als der Charaktervolle. So will es die Sprache und die Charakterlosen-Galerie, die das europäische Theater uns präsentiert. Gut, er endet schlechter. Von Judas bis Franz Moor. Aber vorher küßt und frißt er sich eben doch so durch. Das Ärgerlichste am Charakterlosen: man weiß nie genau, was er tut oder nicht tut. Nicht nur, weil es ihn nicht gibt, sondern weil er sogar für die immer blühende Vorstellungskraft des Charaktervollen zu wenig Eigenschaft hat. Den wöchentlichen Fragebogen kann der Charakterlose wohl nicht ausfüllen. Oder er muß erfinden. *Lügen* nennt man's bei ihm. *Welche geschichtlichen Gestalten verachten Sie am meisten?* Nero, Stalin, Hitler, antwortet der Charaktervolle, ohne zu zögern; wenn ihm feinsinnig zumute ist, ersetzt er Nero durch Napoleon. Den Charakterlosen versetzt diese Frage in eine nicht enden könnende Verlegenheit. Er hat das Gefühl, er müsse, um dieser Frage zu entgehen, auswandern. Natürlich traut er sich nicht, hinzuschreiben: Keine. Man muß doch jemanden verachten. Das Trio Nero-Hitler-Stalin nicht zu verachten heißt ja, es zu glorifizieren. Also irgend etwas fingiert! Fast alles, was er von sich gibt, sind solche Fiktionen. Vielleicht lebt der Charakterlose gehetzt. Es muß schwer sein, Charakterlosigkeit zu verheimlichen vor einer Umwelt, die spezialisiert ist auf die Entdeckung von Anzeichen von Charakterlosigkeit.

Bitte, wer möchte denn einen Charakterlosen als Schwiegersohn oder eine Charakterlose als Sekretärin oder Frau? Das weibliche Vorkommen der Charakterlosigkeit ist natürlich noch ärgerlicher, aber auch aufreizender als das männliche. Die allermeisten Frauen sind, während die Männer sie für zarte Festungen halten, für viele Sprachen gleich offen. Sie sind weniger in Gefahr, ein Mittel für den Zweck zu halten. Sie sind wahrscheinlich instinktiv reflektierter. Es genügt ihnen, auch schon mal Charakter zu zeigen. Sie müssen nicht alles haben, was sie zeigen. Leihcharakter tut's auch. Man beziehungsweise frau zeigt Charakter, weil man (frau) nicht will, daß einem jemand wirklich hinsieht an diese Stelle. Männer verlangen, von sich zu glauben, sie seien so, wie sie nun einmal scheinen zu müssen nicht umhinkönnen. Solang man darauf angewiesen ist, über anderen zu sein oder mehr zu sein oder gar besser zu sein als andere, muß man unwillkürlich mehr Charakter haben als sie. Charakter ist auch ein Fremdwort für Macht.

Allem, was durch Fremdwörter ausgedrückt werden kann, kann man viel leichter zustimmen. Vokabulare sehen so aus, als genügten sie sich selbst. Mein Auto benütze ich mit mehr Selbstbeteiligung als jedes Vokabular. Wo Religion niedergeht, düngt sie Vokabulare. Psychologie, Existentialismus ... Josef K. ist nicht zu retten. Er fällt durch alle Vokabulare durch. Wenn er sich hätte zum Charakter entwickeln können, würde er heute noch leben.

Wer sich mit keiner Macht verbinden kann, hätte also keinen Charakter. Josef K. wollte schon, schaffte es aber nicht. So ging er verloren. Außer Machtausübung wäre also nichts charakteristisch. Die in die Sprache eingebaute Ahndung der Charakterlosigkeit wäre also eine Aufforderung, sich der Macht, die immer auch die Sprachszene beherrscht, zu unterwerfen oder sich ihr zu verbinden, also mitzumachen. Wer sich nur an sich selber zu wenden wagt, hat so gut wie keinen Charakter. Charakter ist ein Innenleben, das nur als Oberbekleidung getragen werden kann. Da gibt es dann eben Konfektion und einsame Meister, Charakterschöpfer sozusagen; die arbeiten für die wenigen. Abgründige Creationen, wie man weiß.

Wie also kann der Charakterlose überhaupt bestehen? Leicht hingesagt: Der Schwache muß von seiner Schwäche leben wie der Starke von der Stärke. Der Charakterlose verfügt in all seiner Schwäche natürlich über keine bestimmte Sprache. Auch da das pralle Gegenbeispiel: Thomas Mann mit seiner charaktergrellen Prosamanier, die möglichst alles möglichst mannisch zerrt. Dem Charakter-, also Sprachlosen bleibt nichts anderes übrig, als von Attentaten gegen die allseits von anderen beherrschte Sprache zu träumen. Am meisten entspräche ihm eine gegenstandslose Sprache. Man könnte sie lesen und sprechen, verstünde alles, aber es wäre von nichts mehr die Rede. Eine Grammatik der Aufhebung, das wäre seine. Also eine antihierarchische Grammatik. Ein Stil der Entflechtung, Einebnung, Entgrenzung. Eine nur auf sich verweisende, sich selbst verzehrende, in sich endende Bilderwelt. Eine Sprache also, die sich überhaupt nicht mehr zum Urteilen und Verurteilen verwenden läßt. Man könnte in dieser Sprache wahrscheinlich nicht verneinen. Der Charakterlose, wenn es ihn gäbe, hielte offenbar

Verneinung für das Windigste überhaupt. Zustimmung ist ihm alles. Er ist Zustimmung. Ihn gibt es ja nicht. Er hängt allem Bestehenden als dessen Gerechtfertigtsein an. Außer sich hält er alles für möglich. Aber fragt ihn nicht, wie es ihm wirklich zumute ist. Er öffnet seine Hand, heraus fällt ein Radiergummi. Ja, er radiert oft und bläst dann lang die Fusseln weg, bis das Papier wieder schön ist, bereit für wieder einen Versuch. Aufbruch ins Charakterlose, schreibst du dann hin und erschrickst vor der einbahnstraßenhaften Entschiedenheit und Entschlossenheit. Ausflug ins Charakterlose. Ja, bitte, das. Kein Hin ohne Zurück. Aber auch kein Zurück ohne Hin.

Man kann, um sich in eine Sprache der Gegenstandslosigkeit einzuüben, vielleicht mit Gewinn an Musik und Malerei denken, die einiges, was sehr fest zu sein schien, aufgelöst haben. Man kann Probesätze herstellen: Nicht alles, wofür wir uns schämen müssen, ist schlecht.

Oder: Ein Geizhals ist ein Verschwender, der sich Verschwenden nicht leisten kann. Nur Feiglinge müssen Mut zeigen. Wer sich für einen Lügner hält, stellt einen übersteigerten Wahrheitsanspruch an sich. Man sieht gleich, wie schwer es ist, der Sprache ihre Erzlust am Urteilen zu verleiden. Da kann nur Kierkegaard helfen. Der hielt es, zum Beispiel, für unethisch, vom Verhalten anderer Leute auf deren Inneres zu schließen. Er hatte den höchsten bis jetzt entwickelten Begriff vom Innenleben. Und bei ihm kann man lernen, wie sehr das alles von nichts als Sprache abhängt. Je weniger es etwas gibt, desto sprachabhängiger ist es offenbar. Wenn etwas, was es nicht gibt, aussehen soll, als gebe es es doch, dann produziert man es normalerweise mit einem Fremdwort. Das ist am wenigsten selbst etwas, ist also am beliebigsten verfügbar. Psychoanalyse, der Inbegriff des Nichts-als-Vokabulars. Wer aber zugibt, daß er anderen nicht helfen kann, braucht kein Vokabular. Für unser nicht vorhandenes, aber ansprechbares Inneres brauchen wir eine nicht trocknenkönnende Aquarellsprache. Damit wir so unbekannt bleiben, daß wir nicht zu beherrschen sind. Aber empfinden möchten wir uns trotzdem, wie selbstungewiß auch immer. Schließlich möchte man doch von etwas Bestimmtem, sich geradezu hauptsächlich Anfühlendem durchströmt sein. Billigung und Mißbilligung anderer spielte da bei mir wahrscheinlich die Hauptrolle. Ich brauche also mehr Halt, als es gibt. Ohne andere habe ich keinen. Sie verlangen von mir dafür – das ist der Tauschhandel schlechthin –, daß ich jemand sei. Den muß ich natürlich erfinden. Das ist Arbeit. Von dieser Arbeit lebe ich. Und für sie auch. Nicht so unangenehm, von der Arbeit zu leben, für die man lebt. Daraus der Zwang, Verhältnisse, die das erlauben, zu preisen. Fluchen nur, wenn Charakter verlangt wird. Eine Lebensart unter solchen Umständen: Weder durch Kleidung noch durch Nacktheit etwas preisgeben. Verachtung wecken. Die schläft nicht fest. Innenraum ausbauen. Eine hübsche, blöde, nicht ganz seriöse Gefangenschaft. Als Nichtmillionär ist man Abenteurer. Aber auch Buchhalter. Folgerichtigkeit entfällt. Überhaupt Vorzeigbares. Da regt sich endlich das erste ganz Durchdringende: die Nichtvorzeigbarkeit. Vor allem im Vergleich mit diesem und jenem Kopfschüttler in ... Nein! Das Sicherheitsventil funktioniert, der verhängnisvolle Name samt Stadt und Status verdampft nach innen, schlägt sich nieder als Stille. Man ist das vollkommene Weder-Noch. Kein Beckett und kein Clausewitz. Und überhaupt nicht dazwischen. Von Sinnlinien und Unsinnlinien gleich unberührt. Diese eigene Nichtvorzeigbarkeit ist der Ursprung aller Innenausbildung. Sie ist die Voraussetzung, das Überhaupt überhaupt. Die Form der Freiheit. Man weiß allerdings nichts von selbst. Keine Ahnung von einem Selbst. Keine Salven. Kein Tabor. Keine Spur Höheres. Nichts, worauf man, anderes zu verneinen, sich stellen könnte. Sprachgast. Wörterkostgänger. Fremden ein Einheimischer. Einheimischen fremd. Das macht sich ja schon recht traulich. Eine Vermessenheit halt. Nicht ernst zu nehmen. So. Und da endlich durchströmt dich die ersehnte Gewichtslosigkeit, das Niederträchtigste überhaupt. Fritz Kortner, heißt es, hat Franz und Karl Moor von *einem* Schauspieler darstellen lassen. So unbefriedigend muß man es hinkriegen. Das täte gut. Schluß des Ausflugs. Der Ausflug endet im reinen Wunsch.

Über Deutschland reden

(Ein Bericht)

Ist man fähig oder gar verpflichtet, Kindheitsbilder nachträglich zu bewerten, oder darf man sich diesem allerreichsten Andrang einfach für immer überlassen? Ich habe das Gefühl, ich könne mit meiner Erinnerung nicht nach Belieben umgehen. Es ist mir, zum Beispiel, nicht möglich, meine Erinnerung mit Hilfe eines inzwischen erworbenen Wissens zu belehren. Die Erinnerung reicht zurück in eine Zeit, von der ich inzwischen weiß, daß sie furchtbar gewesen ist. Jedes Parteigesicht, jede Militärerscheinung, jede Lehrperson und alle Gesichter aus der Nähe zeigen, daß sie aus jener Zeit stammen. Aber das Furchtbare selber zeigen sie nicht. Ein Sechs- bis Achtzehnjähriger, der Auschwitz nicht bemerkt hat. Kindheit und Jugend entfalten ihren unendlichen Hunger und Durst, und wenn Uniformen, Befehlshabergesichter und dergleichen angeboten werden, dann wird eben das alles verschlungen. Der Ortsgruppenleiter erscheint mir als das, was er für mich schon damals gewesen ist: ein hilflos bairisch-fränkisch quakender Mann in einer schreiend gelbbraunen Uniform, die nirgends hingehörte, nicht in die Gegend und nicht in die Jahreszeit. Er wirkte, als habe es ihn seinen ganzen Mut gekostet, mit dieser grotesken Uniform seine Beamtenwohnung zu verlassen und auf die Dorfstraße hinauszutreten. Jeder weitere Schritt muß weiteren Mut gekostet haben. Wenn er dann an seinem Versammlungsziel ankam, brachte er nur noch dieses verzagte Quaken heraus.

Das Licht, in dem mir die Erinnerung Gegenstände und Menschen von damals präsentiert, ist ein festhaltendes Licht, eine Art Genauigkeitselement. Man hat nicht gewußt, daß man sich das für immer so genau merken wird. Man hat vor allem nicht gewußt, daß man diesen Bildern nichts mehr hinzufügen können wird. Keinen Kommentar, keine Aufklärung, keine Bewertung. Die Bilder sind jeder Unterrichtung unzugänglich. Alles, was ich inzwischen erfahren habe, hat diese Bilder nicht verändert. Wenn ich die Bilder umkreise mit den Maßstäben von heute, kommt mir vor, die Bilder bedürften der Belehrung auch gar nicht. Das erworbene Wissen über die mordende Diktatur ist eins, meine Erinnerung ist ein anderes. Allerdings nur so lange, als ich diese Erinnerung für mich behalte. Sobald ich jemanden daran teilhaben lassen möchte, merke ich, daß ich die Unschuld der Erinnerung nicht vermitteln kann. Ich habe nicht den Mut oder nicht die Fähigkeit, Arbeitsszenen aus Kohlenwaggons der Jahre 1940 bis 43 zu erzählen, weil sich hereindrängt, daß mit solchen Waggons auch Menschen in KZs transportiert worden sind. Ich müßte mich, um davon erzählen zu können, in ein antifaschistisches Kind verwandeln. Ich müßte also reden, wie man heute über diese Zeit redet. Also bliebe nichts übrig als ein heute Redender. Einer mehr, der über damals redet, als sei er damals schon der Heutige gewesen. Ein peinliches Vorgehen. Für mich. Vergangenheit von heute aus gesehen – kann es etwas Überflüssigeres geben? Etwas Irreführenderes sicher nicht. Irreführend, wenn damit Vergangenheit dargestellt werden soll. Die meisten Darstellungen der Vergangenheit sind deshalb Auskünfte über die Gegenwart. Die Vergangenheit liefert den Stoff, in dem einer heute sich human bewährt.

Historiker, die so vorgehen würden wie ich, rechnet man, glaube ich, zum Historismus. Eine offenbar momentan nicht besonders geschätzte Schule. Es gibt aber, zum Beispiel in England, immer noch Forscher, die damit Wichtiges zutage bringen.

Ich habe das vorweg sagen müssen, weil Deutschland für mich ein Wort aus jener Vergangenheit ist. Ich weiß, über diese Vergangenheit soviel Nachträgliches wie jeder andere auch. Das Ausmaß unserer Verbrechen. Und wenn es schon schwer zu erklären ist, wie man jede Kindheitsszene von dem frei halten kann, was diese Kindheit direkt umgab, wie soll man erklären, daß man sogar ein Wort wie Deutschland noch retten möchte? Retten für weiteren Gebrauch. Zuerst glaubt man natürlich, man könne über dieses Land, über *unser* Land reden, ohne von Deutschland reden zu müssen. Aber die Geschichte ist unerläßlich. Wenn sie gutgegangen wäre, wäre Deutschland sicher nicht zu einem solchen Tag- und Nachtthema geworden. Wenn die Geschichte gutgegangen wäre, würde ich heute abend in Leipzig ins Theater gehen und morgen wäre ich in Dresden, und daß ich dabei in Deutschland wäre, wäre das Unwichtigste. Aber weil es fehlt, hält Thüringen mich besetzt mit Heiligen und Handwerkern, mit Spielzeug und Eßzeug, mit Köhlern und Wäldern, mit einer bis ins Erdinnere reichenden Gliederungsvielfalt. Wenn ich heute mit dem Zug an Magdeburg vorbeifahre, weiß ich vor Verlegenheit und

Bedauern nicht, wo ich hinschauen soll. Und wenn mir Königsberg einfällt, gerate ich in einen Geschichtswirbel, der mich dreht und hinunterschlingt. Jedesmal komme ich wie der Fischer in Edgar Allan Poes Maelström-Geschichte noch weißhaariger zurück. Daß man nicht einverstanden sein kann mit dem, was passiert ist, zehrt. Das liegt am Jahrgang. Jüngere sind frei davon. Was ist ihnen Hekuba bzw. Königsberg. Aber auch jahrgangsnähere Zeitgenossen sind freier davon als ich. Das ist die Erfahrung, über die ich zu berichten habe. Das ist mein Problem. Ich werde vorerst noch nicht müde, es auszusprechen, in der Hoffnung, dadurch doch noch zu erfahren, daß es nicht nur mein Problem sei.

Wenn sich das Gespräch um Deutschland dreht, weiß man aus Erfahrung, daß es ungut verlaufen wird. Egal ob ich mich allein in das Deutschland-Gespräch schicke, ins Selbstgespräch also, ob ich es schreibend oder diskutierend versuche – es verläuft jedesmal ungut: ich gerate in Streit mit mir und anderen. Das Ende ist Trostlosigkeit. Sogar das Selbstgespräch über Deutschland ist peinlich, weil man ja nicht wirklich allein ist dabei, man reagiert auf Argumente, die einem die anderen aufgedrängt haben, die man, obwohl sie einem nicht genehm sind, nicht mehr los wird. Gerade beim Deutschland-Gespräch erlebt man, daß jeder recht hat. Gibt es etwas, was man über Deutschland sagen kann, was nicht auch noch zutrifft? – Bei mir kann diese Erfahrung auf gut und gern zehn Jahre zurückblicken. Auch mit alten Bekannten, Fastschonfreunden endet das Gespräch jedesmal in Frost, Abstand, Peinlichkeit. Allmählich wird mir klar, daß jeder bei diesem Gespräch eine andere Geschichte aufarbeitet. Seine eigene und oft noch seine ganze Familiengeschichte. Nie böllern aus mir die Schlagwörter so unbremsbar heraus wie beim Deutschland-Gespräch. Aber beim Diskussionspartner doch auch. Aber wer hat angefangen? Und schon ist die Kriegsschulddebatte unser eigenster Text, aus Diskussionspartnern sind Gegner geworden, und die Schlagwörter, die uns jetzt als Personen gar nicht mehr brauchen, donnern im peinlich engen und gänzlich deutschen Raum. Vielleicht sollten wir einander so trösten: Wer beim Deutschland-Gespräch nicht unter sein Niveau gerät, hat keins. Ich will ein paar dieser Wörter, die mich regelmäßig erbittern, ein paar Reizwörter also, hier aufsagen: Deutschland habe es sowieso nie gegeben. Von tausend Jahren nur die paar Jahrzehnte 1870 bis 1945. Und das seien in der ganzen Geschichte doch wahrhaft die schlimmsten gewesen. Mit gutem Grund habe Clemenceau die Friedensverhandlungen 1919 am 18. Januar eröffnet, also an dem Tag, an dem 48 Jahre vorher das sogenannte Deutsche Reich in Versailles gegründet worden sei. Also nie mehr Deutschland. Denn nie mehr dürfe von deutschem Boden ... Diese Phrase kennt jeder. Ohne jede Aussicht, die Drescher zu beeindrucken, zitiere ich den kanadischen Sozialdemokraten und Friedensforscher Hans Sinn (1986): »Heute befinden sich auf dem Gebiet der DDR und der BRD mehr Massenvernichtungsmittel als irgendwo anders auf der Welt.« Und das ist doch wohl zuerst eine Folge unserer Nicht-Souveränität in Ost und West. Eine Folge der Teilung. Schlimmer als diese zwei waffenstarrenden Deutschlandfragmente könnte ein vereintes Deutschland, in etwa österreichischer oder schweizerischer Weltzugewandt-

heit, nicht sein. Und Kriege finden in Europa s
nicht mehr statt. Das ist keine Leistung, sondern E
nis eben jener 75 Jahre, jener zwei letzten Großkrieg
Neuerdings wissen es sogar die Falken hier und dort. Also komme keiner und sage: ein weniger geteiltes, ein ganzes Deutschland sei eine Gefahr für den Frieden. Das Paradeargument zur Rechtfertigung der Teilung – ich habe es gehört von Intellektuellen hüben und drüben –, daß es Deutschland nie gegeben habe, immer nur die hadersüchtigen Kleinstaaten, erklärt einfach die von feudalen Kabinetten verfaßte Staatenkarte zur deutschen Geschichte schlechthin. Als die universalistische Reichsidee, die ja immerhin die *deutsche Nation* im Titel führte, ausgelitten hatte, wurde doch vom Volk sofort die reale, nämlich nationale Einigung versucht. *Vaterländisch* zu sein war 1848 ein Verbrechen, es hieß soviel wie demokratisch sein, die nationale Einheit wollen. Die kommunistische Partei hat im Jahr 1848 formuliert: »Ganz Deutschland wird zu einer einigen, unteilbaren Republik erklärt.« Was 1871 gegründet wurde, war ja nicht das, was 1848 gewollt worden war. Zwei Beispiele aus dem historischen Alltag der Deutschen. Der Arzt Dr. Karl Christian Wolfart aus Berlin schrieb 1812 in einer von Heinrich Zschokke in der Schweiz herausgegebenen Zeitschrift über den aus der Bodenseegegend stammenden Arzt Franz Anton Mesmer, der dreißig Jahre vorher durch das nach ihm benannte Heilverfahren berühmt geworden war: »Die Ehre dieser großen Entdeckung gehört unstreitig Deutschland an, sowie es die Wiege ihres Urhebers war.« Und ein Frankfurter Arzt schreibt, auch 1812, in einem Brief an Franz Anton Mesmer: »Ich kann nicht

meine Freude zu bezeugen über den Be-
ürzlich von der großen Aufmerksamkeit
Ärzte und einer deutschen Regierung auf
halten haben.« *Der* deutschen Ärzte und
Regierung. Das ist sehr genau, also doch
g. Es hat Deutschland gegeben, trotz mehrerer deutscher Regierungen. Und so ist es heute wieder. Nur: damals wollte man, daß das sogenannte Vaterland eine politische Fassung erhalte; heute haben sich zumindest die Wortführer – und zwar die hellsten, die gescheitesten – abgefunden mit dem Strafprodukt Teilung. Dazu leben sie mit einer Auswahl aus der deutschen Geschichte, die ihrem aktuellen Bedürfnis dient. An dieser Stelle des Deutschland-Gesprächs werde ich regelmäßig auf Österreich hingewiesen. Wolle ich denn Österreich auch wieder heimholen? Ich will nicht. Der gutgemeinten, aber doch simplen Selektion jetzt herrschender Geschichtsbilder darf man zur Entsimplifizierung mitteilen, daß sich die »Provisorische Nationalversammlung« in Wien am 12. November 1918 auf das durch Präsident Wilson proklamierte Selbstbestimmungsrecht der Völker berief und einen Beschluß faßte, dessen Artikel 2 so ausging: »Deutschösterreich ist ein Bestandteil der deutschen Republik.« Der Sozialdemokrat Karl Renner, der erste Regierungschef des demokratischen Österreich, hat damals kommentiert: »Der Artikel 2 ist ein Bekenntnis.« Und am 21. März 1919 beschließt die Weimarer Nationalversammlung: »Deutschösterreich tritt als Ganzes als ein Gliedstaat dem Deutschen Reiche bei.« Aber schon im September desselben Jahres ließ Clemenceau diesen Einigungsversuch verbieten. Österreich

mußte sich und konnte sich verselbständigen. Die allmähliche Verselbständigung Österreichs kann aber nicht mit einer Teilung verglichen werden. Teilung ist das Gegenteil von Entwicklung. Worauf in Wien zu bauen war, das kann sich in Ostberlin niemals bilden. Teilung ist Eingriff, Machtausübung, Strafaktion. Daß ich Jalta, Teheran und die Folgen Strafaktion nenne, ruft Stirnrunzeln hervor. Ich beeile mich zu sagen, daß wir die verdient hatten. Aber doch nicht für immer. Strafe dient nicht der Sühne, sondern doch wohl der Resozialisierung. Fühlen wir uns nicht resozialisiert? In Ost- und Westdeutschland kein Anzeichen irgendeiner Rückfallmöglichkeit. Daß Deutschland je harmlos sein könne, wird nicht geglaubt. Ich wiederum bitte, mir keine Fotos von einem Schlesiertag und Meldungen über zwei Wehrsportneurotiker vorzuhalten. Dabei kommt es mir schon sehr ungerecht vor, Schlesierschmerz und Neonazitum in einem Atemzug zu nennen. Aber wenn mit solchen Argumenten deutsche Geschichtsentwicklungen verhindert werden dürften, müßte US-Amerika in eine geschlossene Anstalt eingeliefert werden, Diagnose: rassistisch-religiöser Autismus; ist aber nicht nötig, weil die Diagnose trotz aller Clan- und Fernsehpredigerpeinlichkeiten überhaupt nicht stimmt. Also: wenn die Rückfallgefahr ausgeschlossen ist – und wer das nicht sieht, der verneint schlicht unsere letzten 40 Jahre –, dann gibt es nur noch ein Motiv für die Fortsetzung der Teilung: das Interesse des Auslands. In östlichen und westlichen Ländern. Ein Interesse, das zwar alles entscheidet, das aber nicht mehr mit genaueren Namen benannt werden darf. Das gehört auch zu der simplen, aber uns beherrschenden Meinungsselektion. Wir nicken zu gar allem vor lauter Angst, sonst für Nazis gehalten zu werden. Und das Ausland tut so, als sei ein nicht mehr geteiltes Deutschland wieder eine Gefahr wie in der ersten Jahrhunderthälfte. In allen europäischen Ländern ist das in den letzten 30 Jahren oft genug so formuliert worden. Es ist das Interesse des Auslandes, unter diesem Vorwand die deutsche Teilung ungemildert zu erhalten. Grotesk ist nur, daß im Inland, vor allem im westlichen Inland, dieser Vorwand inbrünstig nachgesprochen wird. Am meisten von Intellektuellen. Viele kommen sich fortschrittlich vor, wenn sie diese letzte Kriegsfrucht für vernünftig halten. Sie ziehen, je nach Fach, einschlägig behäkelte Trostdeckchen über den Trennungsspalt: Geschichtsnation; Kulturnation; Sportnation (durch Medaillenaddition während der olympischen Spiele). *Dagens Nyheter* stellte Erich Honecker 1986 folgende Frage: »Während der jetzt stattfindenden Fußball-Weltmeisterschaft haben wir gemerkt, daß man hier, seit die DDR nicht mehr an der Ausscheidung teilnimmt, für die BRD-Mannschaft die Daumen drückt. Tun Sie das auch, Herr Honecker, und sollen wir das als Zeichen deutscher Zusammengehörigkeit werten?« Honecker war so unfrei, so verklemmt, verbaut, verkorkst, daß er nur sagen konnte: »Das glaube ich nicht. Wenn man ein richtiger Fußballanhänger ist, dann fiebert man für die beste Mannschaft. Ich möchte das nicht als eine politische Stellungnahme verstanden wissen«, und so weiter.

Wahrscheinlich ist der Zwang, unter dem solche Slalom-Sätze entstehen, historisch schon überwunden. Moskau ist nicht mehr so imperialistisch, daß es seine eigensüchtige Internationalismusforderung noch mit unempfindlicher Macht vertreten könnte. Esten, Letten, Litauer und andere melden den nationalen Anspruch an. Und die Deutschen basteln Slalom-Sätze! Warum schlagen wir nicht wenigstens unseren westlichen Freunden vor, sich eine Grenze wie die zwischen uns einmal am Ohio, an der Loire oder zwischen Rom und Florenz vorzustellen! Vielleicht könnte das einem Andreotti die Grenze an der Elbe vorstellbarer machen. Nur wenn die Gefahr bestünde, daß wir ins Hohenzollern- oder Hitlerdeutsche zurückfielen, wäre die Teilung gerechtfertigt, ja geradezu notwendig. Uns diese Gefahr nachzusagen ist grotesk.

An dieser Stelle mache ich gern den Fehler, meinen Widersachern vorzuwerfen, sie verewigten den Faschismus dadurch, daß sie auf antifaschistischen Haltungen bestünden. Dann fliegt mir natürlich das Brechtzitat an den Kopf, daß der Schoß, aus dem das kroch, noch fruchtbar sei.

Ich: Das Bild sei genial, weil genau geschöpft aus den Verhältnissen der ersten Jahrhunderthälfte. Auch hier sei nur der erste ein Genie. Dann wird mir also die heutige Version serviert: »Die Deutschen sind alle Nazis«. »... ganz gleich wo wir Nudeln einkaufen, es sind immer nur Nazis.«

(In diesem Fall Bernhard, aber genauso laut und simpel gibt es das von Achternbusch u.a. Geradezu dankbar meldet man, daß einem so was von Peter Handke nicht zugefügt wird; von Botho Strauß und Werner Herzog schon gar nicht.) Wer diesem polit-masturbatorischen Modeton widerspricht, zieht sich die schlimmste Ahndung zu: der versteht keinen Spaß. Verstehen wir also Spaß, seien wir eben alle Nazis. Nein. Der Kurswert ist zwar enorm, aber der Nennwert zu gering. Darüber müssen einmal Geschichtsschreiber sich wundern: wie viele bedeutende Leute Jahrzehnte nach der Erledigung des Faschismus ihren Zorn *und* ihr gutes Gewissen lebenslänglich durch antifaschistische Regungen belebten. Wenn wir »alle« noch »Nazis« wären, müßten wir um die Fortsetzung der Teilung geradezu bitten! Zum Glück hat es den Historiker-Streit gegeben. Vielleicht war da ein bißchen zuviel gutes Gewissen auf einer Seite. Trotzdem darf man sehr dankbar sein, daß Jürgen Habermas diesen Streit, wie Sontheimer formulierte, »losgetreten« hat.

Dieser Streit hat ein Angebot von Sichtweisen und Urteilsarten entfaltet. Statt der paar Parolen, die vorher kursierten, eine Vielfalt von Auffassungen. Jetzt können wir, wenn wir über Deutschland reden, von diesen Angeboten Gebrauch machen. Anstatt mit Sportlern, kann man sich auch einmal mit einem Historiker identifizieren. Da sie einander nicht gelten lassen, wissen wir am Ende auch nichts Sicheres, aber unsere Unsicherheit besteht aus deutlicheren Positionen, die Widersprüche sind schärfer in uns vorhanden. Ich habe dabei eine Erfahrung gemacht: je mehr sich einer als der einzig Wissende und vor allem als der einzig Gerechtfertigte aufführt, desto weniger kann ich mir seine Ansicht über unsere Geschichte zu eigen machen. Am meisten habe ich mich von Christian Meier an- und ausgesprochen gefühlt. Aber keine dieser gegeneinander streitenden Ansichten war mir ganz fremd. Was da so polemisch gegeneinander wütete, ist mir als eigenes Innenleben bekannt. Habermas *und* Hillgruber haben meinungsmäßig bequem in mir Platz. Um das Unmögliche meiner Einstellung noch deutlicher zu machen: mir scheint, die deutsche Frage sei nicht von »rechts« oder von »links« aufzufassen. Da sehe ich schon, wie ich in der nächsten Runde des Deutschland-Gesprächs von *FAZ* und *konkret* Wilhelm II. ins Ärmchen geschubst werde, weil der einmal nur noch Deutsche kennen wollte.

Ein Beispiel, wie die nationale Frage unter eher literarischen Intellektuellen gehandelt wird:

In der *FAZ* (17. 12. 86) wurde ein Satz von Franz Xaver Kroetz mitgeteilt: »Mir ist die DDR so fremd wie die Mongolei.« Dazu Marcel Reich-Ranicki, der ja nicht gerade ein Genie der Zustimmung ist: »Das gefällt mir außerordentlich.« Und noch einmal Kroetz: »Es ist schon eine weise Sache, daß wir zwei Deutschlands haben.« Weil dadurch der »Weltfrieden« weniger in Gefahr sei. Also wieder die unbeweisbarste, abgegriffenste aller Formeln zur Rechtfertigung der Teilung. Reich-Ranicki: »... Respekt vor einem Mann, der sich der hierzulande jetzt üblichen nationalen, mitunter ins Nationalistische übergehenden Heuchelei mit einer solchen Erklärung widersetzt.« Ist das so? Ist »hierzulande« jetzt »üblich« eine »nationale, mitunter ins Nationalistische übergehende Heuchelei«? Soviel versteht man: wenn einem »die DDR so fremd« ist »wie die Mongolei«, dann »gefällt« man Reich-Ranicki »außerordentlich«. Argumentiert muß da nicht werden, man gefällt oder gefällt nicht. Und das argumentlose persönliche Gefallen wird ausgestattet mit Zeitungsmacht. Ein solcher Satz als solcher sagt ja herzlich wenig. Aber in der *FAZ* macht er Stimmung zugunsten der deutschen Teilung. Daß ich mich, anders als Kroetz, mit der Teilung nicht abfinden will, erklärt der Kritiker damit, daß ich Bonner »Losungen« verfallen sei; »vierzig Jahre lang« seien mir die Alemannen und die Schwaben »ungleich wichtiger« gewesen »als die ganze deutsche Frage«; ich bin also schlicht opportunistisch den neuesten Trends verfallen. Eigenartig ist das schon: anstelle eines Arguments die Unterstellung eines Motivs, eines möglichst schlimmen natürlich. Ist also mein Deutschland-Interesse eine Wirkung neuester Bonner »Losungen«? Da muß ich jetzt über ein Jahrzehnt zurückgreifen und aus einer Rede zitieren, die am 30. 8. 1977 in nächster *FAZ*-Nachbarschaft, in Bergen-Enkheim, gehalten wurde und die seit 1978 gedruckt zu haben ist. Damals habe ich mich so zu fassen versucht: »Daß es diese zwei Länder gibt, ist das Produkt einer Katastrophe, deren Ursachen man kennen kann. Ich halte es für unerträglich, die deutsche Geschichte – so schlimm sie zuletzt verlief – in einem Katastrophenprodukt enden zu lassen ... Wenn jemand von 1955 bis 1975 das deutsche Problem nur als Konsument der sogenannten Medien wahrgenommen hat, dann wartet er heute, wenn er sich konservativ informiert hat, in einem gotischen Kyffhäuser-Gewölbe auf den ehernen Wiedervereinigungstag, oder er ist, wenn er sich liberaler orientiert hat, bereit, für immer als narkotisierter Pragmatiker um eine offene Wunde herumzutänzeln. Ich könnte nicht einen einzigen praktischen Schritt nennen zur Überwindung des tragikomischen Un-Verhältnisses zwischen den beiden Deutschländern. Aber ich spüre ein elementares Bedürfnis, nach Sachsen und Thüringen reisen zu dürfen unter ganz anderen Umständen als denen, die jetzt herrschen. Sachsen und Thüringen sind für mich weit zurück und tief hinunter hallende Namen, die ich nicht unter ›Verlust‹ buchen kann. Nietzsche ist kein Ausländer. Leipzig ist vielleicht momentan nicht unser. Aber Leipzig ist mein. Aus meinem historischen Bewußtsein ist Deutschland nicht zu tilgen. Sie können neue Landkarten drucken, aber sie können mein Bewußtsein nicht neu herstellen. Ich weigere mich, an der Liquidierung von Geschichte teilzunehmen. In mir hat ein anderes Deutschland immer noch eine Chance. Die Welt müßte vor einem solchen Deutschland nicht mehr zusammenzucken. Und doch ist es im Augenblick reine Utopie, ist ›Wunschdenken‹. Der historische Prozeß richtet sich nach dem Bedürfnis. Ja, er entsteht sogar aus ihm. Also liegt es wirklich an uns. Allerdings an uns allen. Wir alle haben auf dem Rücken den Vaterlandsleichnam, den schönen, den schmutzigen, den sie zerschnitten haben, daß wir jetzt in zwei Abkürzungen leben sollen. In denen dürfen wir nicht leben wollen. Wir dürften, sage ich vor Kühnheit zitternd, die BRD so wenig anerkennen wie die DDR. Wir müssen die Wunde namens Deutschland offenhalten.«

Ende des Redezitats aus dem Jahre 1977. Auch ein prominenter *FAZ*-Redakteur kann nicht alles, ja, er darf nicht alles wissen. Je weniger einer weiß, um so infallibler ist er. Und am infallibelsten ist immer der Papst. Interessant für mich war, daß mein Geständnis, ich könne mich nicht mit der Teilung abfinden, im Jahr 1986 von *FAZ* und von *konkret* mit gleichgestimmtem Hohn beantwortet wurde. Das drückt aus, wie abgemeldet oder, aktuell ausgedrückt, wie wenig angesagt das nationale Thema ist. Zu den guten Gründen für diesen Zustand gehört der konservative Mißbrauch und das Adenauersche Wiedervereinigungsgedöns. Andererseits haben Brandt und Bahr zur Zeit des Grundlagenvertrags noch von der offenen deutschen Frage gesprochen. Heute metaphert Brandt die deutsche Frage zur »Schizophrenie« herab, mit der wir der Welt nicht länger lästig fallen sollen, und Bahr empfiehlt uns »Verfassungspatriotismus«. Das Wort riecht nach dem Abfindungslabor, aus dem es stammt. Alles, was uns angeboten wird, riecht nach Ersatz. Und zum Realismus Schilys, der zur Vermeidung weiterer 17.-Juni-Heucheleien die Verfassungspräambel, die uns Deutschland zur Pflicht macht, streichen will, fehlt mir der kühle Mut. Also lieber noch weiterheucheln?! Was ich denn vorschlagen könne?! Die Lösung, bitte?!

Es ist immer mehr möglich, als Fachleute auszurechnen imstande sind. Das konnte man schon vor Gorbatschow sagen. Zwei vernünftige Leute gleichzeitig im Amt, einer in Washington, einer in Moskau, und in Bonn und Ostberlin keine bloßen Verwalter, dann schrumpft die Trennung. Seit Gorbatschow fällt es leichter, so etwas zu sagen. Seit er im Amt ist, ist die Welt weniger scharf geteilt. Ich will mich nicht als Kreml-Astrologe betätigen und die jeweils letzten Gorbatschowsätze nachkauen und deuten. Was auch immer er formulieren mag und muß – der von ihm entfachte Wirbelwind Perestroika wird eines Tages auch die DDR erreichen, dann wird die politische Sprache ihre pseudoreligiösen Blenden abwerfen, und Deutsche werden einander wieder verstehen. Jetzt wird schon eine Zeit vorstellbar, in der man die

Adenauer-Ulbricht-Feindseligkeit mit dem Kopfschütteln betrachten wird, mit dem wir längst die grotesken Zwiste zwischen Katholiken und Protestanten betrachten. Hans Magnus Enzensberger hat das »Deutschland-Problem« schon im Jahr 66 im *Kursbuch 4* als einen »Anachronismus« bezeichnet, es sei ein »besonders komplexer, lang verschleppter, überständiger Streitfall aus der Zeit des Kalten Krieges«. Enzensberger hat damals so positiv und voller Geschichtsphantasie wie kein anderer Vorschläge gemacht, hat »die Respektierung der DDR« empfohlen, weil sie »eine zukünftige Einigung, vielleicht sogar Vereinigung« begünstige. Er will die beiden Deutschländer konföderieren, daraus einen »Deutschen Rat« entstehen lassen, in dem Delegierte des Bundestages und der Volkskammer zusammenarbeiten. In Artikel 61 seines *Katechismus zur deutschen Frage* fragt er sich, welche Rückwirkung seine Vorschläge auf die »gesellschaftlichen Ordnungen in Deutschland« haben könnten, und antwortet: »Sie verlören ihre Geschlossenheit; sie müßten voneinander lernen; sie könnten einander Versionen ihrer Zukunft anbieten.« Leider haben die zwei deutschen Staatsbahnen dieses Kursbuch nicht zur Kenntnis genommen. Und trotzdem ist das nicht umsonst geschrieben worden. Was einen an diesem Katechismus heute noch freuen kann: ein Intellektueller geht mit unserem Problem um, als sei es für ihn lebensnotwendig, das Problem zu lösen. Am Ende zeigt ein Satz, den man als eine Genauigkeitstrophäe bezeichnen kann, was einem passiert, wenn man sich der deutschen Frage aussetzt: »... das Notwendige scheint mit dem Unmöglichen identisch« zu sein. Erinnert das nicht an die mecklenburgische Standfestigkeit, mit der Uwe Johnson bis zuletzt darauf bestanden hat, daß er mit dem Wechsel von der DDR in die BRD nicht den Staat, sondern nur den Wohnort gewechselt habe!

Es hat sich aber seit Enzensbergers Katechismus und Uwe Johnsons Behauptungsarbeit die Vereitelungspotenz des kalten Krieges so sehr erschöpft, daß wir, nahezu unversehens, dem Frieden näher sind als je zuvor.

Vielleicht liegt eine Art Vernunft darin, daß der 1945 beendete Krieg bis jetzt ohne Friedensschluß geblieben ist. Auf einen Frieden à la Versailles oder Jalta kann man verzichten. Vielleicht wird diesmal der Frieden erst geschlossen, wenn die, die ihn schließen, wirklich friedfertig geworden sind. Und daß dann eine Teilung nicht mehr nötig ist, müssen sogar die zugeben, die sie bis jetzt als eine Voraussetzung für den Frieden ansehen. Jetzt kommt es darauf an, daß die Teilung in unserer Empfindung keine Zukunftswürdigkeit hat. Das wäre momentan schon genug »Lösung«. Politik, Schule und Medien, die Wortführer also, haben, mit kraß verschiedenen Motiven, viel getan, die Teilung vernünftig zu machen.

Linke Intellektuelle und rechte sind sich bei uns im Augenblick wahrscheinlich über wenig so einig wie darüber: die Teilung ist annehmbar. Der BRD-Erfolgsmensch will seine hart erarbeiteten Standards – auch die demokratischen – nicht auf jetziges Magdeburg zurückschrauben. Das versteht man. Am meisten Angst habe ich im Deutschland-Gespräch immer vor der Frage: Was fehlt Ihnen denn? Weil der Mangel, den ich ausdrücken will, offenbar schwer verständlich zu machen ist, weiche ich aus auf das, was anderen fehlt. Ich zitiere, was ein Edward Vogelgesang, aus Polen in die BRD gekommen, in der *FAZ* schreibt (Nicht im Literaturteil): »Trotz des Aufgebens der deutschen Sprache hat meine Mutter, eine Frau mit starkem deutschem Bewußtsein, auch mir dieses Gefühl vermittelt. Doch sind wohl Spuren einer psychischen Spaltung geblieben. Die Deutschen, die aus irgendwelchen Gründen oder Zwängen in den ehemaligen deutschen Ostgebieten blieben, haben einen hohen Preis dafür bezahlt; sie bezahlten mit dem Verlust ihrer Muttersprache und nicht selten (die Jüngeren) mit dem Verlust ihrer nationalen Identität.«

Dann zieh' ich gleich noch einen Brief heraus und zitiere, was meiner Nachbarin Ricarda aus Dresden geschrieben wird: »Nun seien Sie bloß nicht sauer, wenn ich doch etwas gemeckert habe, aber es geht einfach nicht mehr anders. Aber Ihnen das Leben hier verständlich zu machen, das gelingt sowieso nicht, der Unterschied ist zu riesengroß. Wenn ich damit nur erreicht habe, daß Sie glücklich und froh sind, daß Ihre Familien seinerzeit bei der Teilung Deutschlands auf der richtigen Seite gewohnt haben. Daß Sie mich nicht vergessen werden, das macht mich sehr froh ...«

Damit will ich beweisen, es gebe noch Deutsche. Das muß man beweisen, weil einem im Deutschland-Gespräch auch Karthago und die Azteken vorgehalten werden. Und wenn ich behaupte, es gebe noch Deutsche, dann habe ich keinerlei Flaggenhissung und Hymnen im Sinn. Ich weiß ja, wie wenig ernst der BRD-Erfolgsmensch seinen Paß nimmt. Er ist mindestens Europäer. Er muß allerdings damit rechnen, daß er in Paris vor allem Franzosen, in London Engländern und in Rom Italienern begegnen wird. Was ist er dann? Gerade im Ausland erfährt man, daß man ein Deutscher sei. Selbst Metternich hat sich (1813) im Gespräch mit Napoleon offenbar als Deutschen bezeichnet. Heute ist es jedesmal eine eher traurig als selig machende Erfahrung, wenn man im Ausland daran erinnert wird, daß man ein Deutscher sei. Aber wer wäre man, wenn man den deutschen Schatten, den man offenbar wirft, schick zupuderte?

Es soll in den letzten dreißig Jahren öfter vorgekommen sein, daß Deutsche im Ausland durch entgegenkommend gemeintes, betont undeutsches Auftreten besonders unangenehm deutsch gewirkt haben.

Es gibt immer noch Deutsches, das man im Ausland als »german to the bone« bezeichnen würde und das so ehrenwert geblieben ist wie seine französische oder polnische oder italienische Entsprechung. Es gibt, zum Beispiel, eine deutsche Sprache, eine literarische Tradition, die von 33 bis 45 nicht in Verruf gebracht wurde und die nach 45 nicht im Internationalen aufging. Ich möchte eine Leseerfahrung zitieren. Der Autor: Wulf Kirsten, geboren 1934, in Klipphausen, Kreis Meißen; er wohnt und arbeitet in Weimar. Neuerdings ist sein Gedichtband *Erde bei Meißen* sogar bei uns zu haben (Frankfurt 1987). Aus Kirstens Gedicht »die erde bei Meißen«:

zur Elbe winden sich
grün geschuppt die fiedrigen täler wie deichselraine.
schrotmühlen, die wäldischen einsiedler, längs den
schotterrunsen

im großväterhabitus, spielen in laubigen kuhlen
versteck.
um die schieferzwiebeln geduckt die ortschaften des
sprengels.
abseits am schlehenhack aufgedunsen die stänker:
rübensilos.
hinter feldscheunen strohhütten gefeimt.
mit Zottelmähnen holpern die Feldwege hinaus in die
runkelschläge.

Ein Wintergedicht geht so an:

maulfaul hocken die häuser
in zugeknöpften kapuzen
vor ihrem eignen schatten.

Ein Gedicht (»wenig gereist«) geht so an:

flußtälerkühl kommen die abendgerüche vors haus;
von den hügellehnen fallen die jahreszeiten
wie herzliche grüße aus der verwandtschaft,
zuverlässigste chronologie.

In dem Gedicht »werktätig« kommen diese Zeilen vor:

die haferkluppen forscheln und flegeln,
einen steinbock aufbänken und schlegeln,

ein heufuder bäumen, das vieh beschicken,
einen brüchigen Topf mit draht einstricken,

kraut schlagen, rüben blatten,
einen reifen aufziehn, einen zaun anlatten,

Und der letzte Zweizeiler dieses Gedichts:

eine leiter lehnen, haferstroh häckseln,
das zeitliche mit dem ewigen verwechseln.

Die Kirsten-Sprache ist schwer von Vergangenheit. Eine Sprache, in der man sich verproviantieren kann gegen Geschwindigkeit, Anpassung, Verlust. Jedem westlichen Leser muß bei jedem Kirsten-Gedicht kraß klarwerden: das ist nicht bei uns geschrieben worden. Der lebt ja nicht von Urteil, Idee, mediengerechter Apokalypse. Der lebt von Gegenständen, nächster Nähe. Der lebt wie barfuß. Der erlebt mit Händen und Füßen. Der weiß nichts, was er nicht erfahren hat. Das hat zur Folge: Die Sprache urteilt nicht. Sie schleppt Sachen heran. Gegen das Vergessen. Unsere westlichen Schriftsteller- und Dichtersprachen sind, verglichen mit Kirsten, urteilssüchtig, aussagesüchtig. Über alles wird einfach befunden. Bei uns. Und es wird fast nichts als befunden. Genannt wird wenig. Bewahrt nichts. Wenn ich Wulf Kirsten lese, empfinde ich, was wir in Westdeutschland verloren haben. Wir Schriftsteller, wir Leser. Wirkt, verglichen mit einem Kirsten, viel Westliteratur nicht wie Ideologie? Ich meine: daß die Sätze bei uns deutlicher sagen, was sie sagen wollen, als daß sie es sagen. Das ist, behaupte ich jetzt ein bißchen schnell, der Einfluß der Meinungsmacher auf die Literatur. Sie preisen und verwerten am liebsten das, was tut, was sie selber tun:

urteilen, Meinung machen à la »Die Deutschen sind alle Nazis«.

Mit einem Kirstensatz kann man ja nichts anfangen. Der Meinungsgehalt eines Kirstensatzes tendiert gegen Null. *Meinung* darf man wohl jenen Inhalt nennen, der im Satz eher durch den Willen des Schreibenden als durch Gegenständliches vertreten ist.

Kirsten ist drüben im Aufbau-Verlag, Berlin und Weimar erschienen und im Reclam-Verlag, Leipzig. Seine geniale Beschreibung *Die Schlacht bei Kesselsdorf* lebt von der Empfindlichkeit für das Erlittene. Kirsten zerfällt die Geschichte in Kommandierende und Kommandierte. Auch sein »Kleinstadtbild« *Kleewunsch* lebt von diesem Gesichtssinn, der durch nichts zu betrügen ist. Mir ist im Westen noch kein Intellektueller begegnet, bei dem der Anspruch auf Demokratie die ganze Sensibilität ausmacht, beherrscht. In den Kirsten-Sätzen kann man politische und dichterische Empfindungsfähigkeit überhaupt nicht mehr trennen. Eine DDR-Errungenschaft? Oder einfach: dieser Wulf Kirsten?

Die Geschichte des Marktfleckens Kleewunsch wird erzählt bis zur Epoche, in der die »Gesinnungsindustrie« sich entwickelt. Von da an schweigt der Dichter über seinen historischen Ort. Er wendet sich dem *sprengel* zu, ganz allgemein, ganz konkret: *auf der wegränder versipptes gestäud.* Ich habe den Eindruck, Wulf Kirsten habe als DDR-Bürger einen Geschichtssinn, der bei uns fehlt. Es geht nicht um Schuldzuweisung, sondern um Inventur. Verabschieden wir uns vom deutschen Dichter Kirsten mit ein paar Zeilen aus seinem Gedicht »über sieben raine«:

und ein grobschlächtiger zughund
zerrt ohne gehabe
den erblindeten glorienschein der armut
zu markte.
über den Elbhöhen
wird der tag gekrönt.

Ich glaube, in der DDR sei uns etwas gespart. Man bräuchte die Mächtigkeit des Hölderlinschen Geschichtstons, um zu fassen, was jetzt gerade zwischen uns Deutschen passiert. Um wenigstens die Verlustempfindung zu wecken aus ihrem selbstvergessenen Schlaf. Daß wir uns doch ein bißchen weniger möglich vorkämen. Abhängiger vom anderen. Nicht so im Recht.

Was mit Kirsten hergerufen werden soll, ist gerade nicht die Abfindungsform Kulturnation, sondern das Empfinden, daß es unblamiertes Deutsches noch gibt. VOR der Literatur. Ihr zugrunde liegend. Sonst gäbe es keinen Wulf Kirsten. Das ist eine Empfindung. Sie wird hier zur Sprache gebracht als eine Art Einladung, es auch einmal in dieser Art zu versuchen. Empfindend. Die Kirstensprache empfindend. Es könnte ja sein, daß daraus eine Erfahrung wird; und wenn sich das unvermeidliche nächste Mal das Gespräch um Deutschland dreht, stellt sie sich vielleicht sogar ein.

Am besten verliefe ein Deutschland-Gespräch, wenn man dabei auskäme ohne Verneinung. Hat man denn, solange man einen anderen verneint, überhaupt etwas zu sagen? Es genügt doch zu sagen, was uns trägt: die Vergangenheit. Was denn sonst, bitte? Jeder Baum, den du siehst, bezieht sich auf einen früheren. Auch das Flüchtigste, das

Wetter von heute, wäre nichts, wenn es nicht an frühere Wetter erinnerte. Und wieviel mehr ist das der Fall bei Häusern, Gedanken, Eisenbahnen, Träumen, Polizisten, Kopfbedeckungen, Landesgrenzen ... Manchmal bleibt von der aktuellen Daseinsempfindung fast nichts übrig vor lauter Vergangenheitsandrang. Ob Faser oder Gewebe, Wort oder Text – alles ist aus nichts als Geschichte. Die Gegenwart ist nichts als der jeweils letzte Geschichtsmoment. Das Winzigste überhaupt. Zwar das, worauf es ankommt und worauf alles hinausläuft. Aber ohne die ganze Geschichte ist es wirklich nichts beziehungsweise gar nichts. Jeder Apfel, den ich esse, hat einen Namen. Das mag man bedauern. Aber es ist so. Ich kenne mich im Bewußtsein von Eintagsfliegen nicht aus, nehme aber an, daß jede Regung eines solchen Wesens durch seine ganze Geschichte bestimmt wird. Was ist die Spitze des Eisbergs gegen die Spitze der Zeit! Die Nation ist im Menschenmaß das mächtigste geschichtliche Vorkommen, bis jetzt. *Mächtig* im geologischen, nicht im politischen Sinn. Die Nation wird sich sicher auflösen irgendwann. Aber doch nicht durch eine Teilung. Doch nicht durch Jalta-Churchill-Roosevelt-Stalin. Einer solchen Fehlweisung folgt viel Aktuelles, aber nichts Entscheidendes.

So das zum Beweisen unkräftige, aber trotzdem unabweisbare Gefühl. Falls so was überhaupt sein darf, ein Geschichtsgefühl. Man kann am Ende damit nicht viel mehr anfangen, als zu bezeugen, daß es existiert. Aber das kann man. Ein Gefühl ist auch nicht vorschreibbar. Man hat es oder hat es nicht. Aber wenn man es hat, kann man ja zugeben, daß man es hat: das Geschichtsgefühl. Ich will es hiermit zugegeben haben.

Wenn alle anderen ein kraß anderes Geschichtsgefühl hätten, müßte man sich einigermaßen verloren vorkommen. Die Mehrheit der Wortführer, links und rechts, arbeitet mit an der Vernünftigmachung der Teilung. Die Grundgesetzpräambel und anderes Institutionelles ist keine belebende Gesellschaft. Und die Leute werden nicht gefragt. Das Volk! Populist wird man geschimpft, wenn man meint, die Deutschland-Frage könne nur vom Volk beantwortet werden. Eine Abstimmung in der DDR, eine bei uns. International überwacht. Das Selbstbestimmungsrecht der Völker praktiziert. So einfach wäre das. Und genauso unmöglich, undenkbar. Wir leben noch in einer Zeit, in der nur von oben nach unten gesprochen wird. Von unten nach oben gibt es die Volksstimme nur demoskopisch verfremdet. Man möchte, geleitet von diesem Geschichtsgefühl, sagen, die Deutschen würden, wenn sie könnten, in ihren beiden Staaten für einen Weg zur Einheit stimmen. Nach allem, was wir vom Ausland bis jetzt hören, genügt eine solche Wahrscheinlichkeit, diese Abstimmung zu verhindern. Also liegt alles an den Regierungen. Und damit im argen. Es sei denn, die beiden Bevölkerungen ließen sich diesen Pragmatismus nicht ewig gefallen. Es gibt demnach nicht die geringste konkrete Aussicht auf einen Anfang der Überwindung der Teilung. Deutschland bleibt demnach ein Wort, brauchbar für den Wetterbericht. Ich wundere mich selber darüber, daß diese konkrete Aussichtslosigkeit bei mir nicht umschlägt in Hoffnungslosigkeit. Vielleicht wirkt da dieses Geschichtsgefühl.

6. Oktober 1989

Es ist an uns. Wie gern würde man von dem großen Veränderer einen belebenden Einfluß auf das erstarrte deutsch-deutsche Verhältnis erwarten? Aber können wir vom Moskauer Reformer Belebung erwarten, solange wir selber nichts tun? Drei deutsche Kanzler (Adenauer, Schmidt, Kohl) haben ihrer nahezu freundschaftlichen Beziehungen zu den französischen Staatspräsidenten gerühmt. Aber sie haben von ihren französischen Freunden nicht erwartet, daß die sich für die Vereinigung des getrennten Deutschlands aussprechen, geschweige denn einsetzen. Die SPD hat sich, formelfreudig wie sie ist, zur Parole druchgerungen, man könne auch in zwei verschiedenen Staaten Deutscher sein. Offenbar macht es aber auch der SPD mehr Spaß, Deutscher im Westen zu sein. Die drüben haben eben Pech gehabt. Sippenhaftung für nationalsozialistische Großväter. CDU und SPD benutzen die deutsche Frage ausschließlich dazu, einander Vorwürfe zu machen. Solange das Ausland sieht, daß die Deutschen selber sich kein bißchen einig sind, ob sie wieder ein ungeteiltes Deutschland wollen, können wir auch von dem Reformer aus Moskau nichts erwarten. Und die Schriftsteller, die Intellektuellen, die Philosophen: ein ungeteiltes Deutschland ist ihnen entweder das Unwichtigste oder das Unerwünschteste. Wer bei uns die Trennung nicht hinnehmen will, dem wird die intellektuelle und die moralische Zurechnungsfähigkeit bestritten.

Solange unsere Parteien aus der unseligen Teilung nur Wahlkampfstimmungen produzieren, solange die CDU nur Kerzen anzündet und nie wahr gewesene Adenauersche Wiedervereinigungsfloskeln nachsagt, solange die SPD in vollkommen inhaltslosem Europäismus macht, solange die Medien diesem Parteien-Leerlauf nichts hinzuzufügen haben, solange die Intellektuellen die Aufhebung der Teilung als Nationalismus verteufeln, so lange können wir von Gorbatschow rein gar nichts erwarten. Erwarten wir doch, bitte, zuerst etwas von uns. Von uns Westdeutschen. Die Ostdeutschen zeigen ja, was sie wollen. Wenn wir nicht so erstarrt oder abgelenkt oder eingeschlafen oder geistesabwesend wären, könnte gerade jetzt eine Art deutscher Frühling anbrechen, der keinem Menschen Angst machen müßte. Auch nicht denen in der DDR, die sich in die importierte Diktatur verstrickten. Solange wir als Richter, als Wiedervereiniger, als die Besseren auftreten, so lange setzen wir ja die Teilung der Deutschen in solche und solche fort. Die Überwindung der Teilung in uns selbst können wir nur von uns erwarten, nicht von Gorbatschow.

Kurz in Dresden
Einige Szenen aus dem deutschen Frühling im Herbst

Widerwärtige Politik. Daß sich diese peinlichste Verfahrensweise gebildet hat, wenn unser Zusammenleben eingerichtet werden soll!

Als wir von Frankfurt nach Dresden fuhren, prasselten aus dem Radio die Sprachhülsen der östlichen Partei. Ein Tag Anwesenheit drüben, und man erlebt, wie wenig diese Pseudosprache das ausdrückt, was die Leute empfinden. Als wir von Dresden an den Bodensee fuhren, tönten aus dem Radio anmaßende Redensarten westdeutscher Politiker und Journalisten, deren Peinlichkeit herrührt von einer Erfolgsstimmung, die bei manchen zur unverhohlenen Siegerlaune wird. Auf jeden Fall wirkt unser Sprachgebrauch, wenn man gerade von den ganz und gar Betroffenen kommt, peinlich. Daß Politiker hier so reden, als sei der Mißerfolg der DDR ihr Erfolg! So entsteht der Eindruck, als stritten nur noch zwei Vokabulare und es gebe keine Menschen mehr.

Ist der Mißerfolg der DDR der Erfolg der BRD? Das wäre doch unerträglich. Welche Stimmung wäre erträglicher? Eine, in der andauernd zum Ausdruck käme, daß die drüben ohne jede Schuld das Opfer einer geographischen Lage wurden. Wir haben alles getan, um die durch die Kriegsfolgen entstandene Grenze zu stabilisieren. Wir haben auf unserer Seite den Kalten Krieg, als er an der Tagesordnung war, mit ganzer Kraft geführt.

Wir? Unsere jeweiligen Wortführer. Jeder weiß, wie weit er selber mitgewirkt hat. Die drüben haben, weil der Marxismus eine Religion, also etwas für gar alles werden wollte, noch scheußlicher gegen uns geredet und gehandelt. Von einer gemeinsam zu tragenden Verantwortung für das, was zur Teilung geführt hatte, war nicht mehr die Rede. Keine deutsche Solidarität der Verantwortung. Die öffentlichen Sprachen in Ost und West – trostlos.

Es war nicht Jubiläumstourismus, was uns – wir waren zu zweit – nach Dresden führte, sondern eine beruflich bestimmte, ganz zweckgebundene Neugier. Es lag also am Terminkalender des Weltgeistes, daß wir in diesen deutschen Frühling im Herbst gerieten.

Es war noch nie daran zu zweifeln, daß die Deutschen drüben mit dem Marxismus-Leninismus nicht leben wollten. Sicher war es im 19. Jahrhundert ein Fortschritt, daß Karl Marx seine Erlösungsphantasien in eine wissenschaftlich klingende Sprache faßte. Woher der Wind aber weht, hat der Professor Kamnitzer letztes Jahr klargemacht, als er westliche Kritik an der Bestrafung von jungen Leuten, die Rosa-Luxemburg-Feiern gestört hatten, damit zurückwies, daß er fragte, was man wohl im Westen von jungen Leuten hielte, die religiöse Prozessionen stören würden.

Es riecht überall nach Vatikan. Aus dem Marxismus ist – und das lag wohl auch an ihm – eine weitere monotheistische Religion geworden mit Heiligen, Liturgie und allem Drum und Dran. In einem am 29. September 1989 in der DDR geschriebenen Brief einer ganz und gar unverbildeten Frau heißt es, nachdem sie das »Regierungskrankenhaus« geschildert hat (»nur mit Westmedikamenten«): »Das soll Sozialismus sein?« Aber der Entwicklungsstand des mitteleuropäischen Arbeiters war doch schon im 19. Jahrhundert über diese religiöse Versprechensart hinaus. Daß diese wissenschaftlich drapierte Wahrheitsverkündigung unter der Aufsicht der Roten Armee drüben installiert wurde, ist eine historische Groteske. Jetzt geht sie endlich zu Ende. Ihr Beendiger heißt Gorbatschow. Jetzt können die Deutschen drüben allmählich ausdrücken, wie sie empfinden. Aber wir sind nicht ihre Befreier. Wir haben abzuwarten, wie sie mit ihrem jetzt vierzig gewordenen DDR-Staat umgehen.

Nach einer fabelhaft guten Vorstellung von Heiner Müllers Titus-Andronicus-Fassung (Regie Wolfgang Engel) stellten sich am 9. Oktober alle Schauspieler an den Bühnenrand, eine Schauspielerin las eine »Petition des Staatsschauspiels Dresden. Mit Genehmigung der Bezirksleitung der SED Dresden vom 6. 10. 1988«. Sie las: »Wir treten aus unseren Rollen heraus. Die Situation in unserem Land zwingt uns dazu... Eine Parteiführung, die ihre Prinzipien nicht mehr auf Brauchbarkeit untersucht, ist zum Untergang verurteilt. Ein Volk, das zur Sprachlosigkeit gezwungen wurde, fängt an, gewalttätig zu werden. Die Wahrheit muß an den Tag. Unsere Arbeit steckt in diesem Land. Wir lassen uns das Land nicht kaputtmachen. Wir nutzen unsere Tribüne, um zu fordern:

1. Wir haben ein Recht auf Information.
2. Wir haben ein Recht auf Dialog.
3. Wir haben ein Recht auf selbständiges Denken und auf Kreativität.

4. Wir haben ein Recht auf Pluralismus im Denken.
5. Wir haben ein Recht auf Widerspruch.
6. Wir haben ein Recht auf Reisefreiheit.
7. Wir haben ein Recht, unsere staatlichen Leistungen zu überprüfen.
8. Wir haben ein Recht, neu zu denken.
9. Wir haben ein Recht, uns einzumischen.«

Das, was sie dann als ihre Pflicht formulierten, ergab sich aus dem, was sie als ihr Recht forderten. Ein Satz hieß da: »Wir haben die Pflicht, das Wort Sozialismus so zu definieren, daß dieser Begriff wieder ein annehmbares Lebensideal für unser Volk wird.« Darauf der tollste Beifall des fast ausschließlich aus Zwanzig- bis Fünfundzwanzigjährigen bestehenden Publikums. Dazu standen sie auf. Und weil dieser Beifall so rasant war und nicht aufhören wollte, fingen die Schauspieler an, diesem Publikum Beifall zu klatschen. Das wirkte ganz anders als die sonstige östliche Gepflogenheit, bei der sich die Tribüne dem Beifall des Saales anschließt.

Ein paar Tage später hören wir einen Vortrag über den Wiederaufbau Dresdens im Club der Intelligenz. Im Vorraum drängen sich die Leute um einen Anschlag. Es ist die Resolution, die die Schauspielerin vorgelesen hat. Wo man mit einem ins Gespräch kommt, spürt man, wie sehr ihnen die Marxismus-Leninismus-Kirche zum Hals heraushängt. Die konstruierte Denk- und Lebensverlogenheit. Daß ein -ismus glaubt, alles erklären und – viel schlimmer noch – alles legitimieren zu können, ist am Ende des 20. Jahrhunderts nirgends mehr erträglich.

Am 7. Oktober hatte in der Semper-Oper in Dresden *Fidelio* Premiere. Als wir am 8. Oktober eine Stunde vor der Vorstellung von der Grimanstraße zum Theaterplatz einbiegen wollten, stoppte uns ein Polizist. Wir sollten – zu unserer Sicherheit, sagte er – irgendwo an der Elbe einen Parkplatz suchen. Da drinnen sei »Randale«. Es stellte sich heraus, daß das großartig wiederaufgebaute Opernhaus im weiten Umkreis von Polizei geschützt war. Zwischen Postplatz und Theaterplatz war in der Sophienstraße eine Demonstration zwischen zwei Polizeilinien steckengeblieben. Wir schauten zu. Eine junge Frau wollte von unserer Seite mit Mann und Kind durch die Polizeilinie durch zur Demonstration. Ein ebenso junger Polizeioffizier hinderte sie. Das da vorn sei eine ungesetzliche Veranstaltung. Wer macht das Gesetz, fragte die Frau so erregt, daß der Polizeioffizier sie einfach passieren ließ. Ihr Mann mit Kind hinter ihr her. Die Polizei hatte ihre Legitimität endgültig eingebüßt.

Das *Fidelio*-Bühnenbild wirkte, obwohl es sicher vor Monaten entworfen worden war, als sei es in diesen ersten Oktobertagen entstanden: Knapp hinter der Rampe quer über die ganze Bühne ein hoher Drahtzaun, oben, bühneneinwärts geknickt, Stacheldraht. Dahinter ein hochmodernes Gefängnis. Was man hört an diesem Abend und sieht, man hört und sieht es durch Drahtgeflecht. Man wird sich diese Aktualität nicht gleich vom Wahlspruch des Hauses Wettin erklären lassen müssen, der mit dem sächsischen Wappen in den rekonstruierten Opernvorhang eingewoben ist: *Providentiae memor*. Wieder eine unheimlich gute Inszenierung. Von Christine Mielitz. Inszenieren und spielen die hier vielleicht so gut, weil sie wissen, warum sie etwas spielen? Das wäre eine Erklärung. Da auch die Kostüme anstrengungslos von heute waren, wirkte der Gefangenenchor am durchschlagendsten. Sicher auch, weil er ohne Gesten-Dramatik eine ganz genaue Studie der Angst exekutierte. Jedes Wort wurde verstanden.

»Leise, leise, haltet euch zurück, ihr seid belauscht von Ohr und Blick.« Dem ersten Auftritt des Chors folgte ein fast den Abend unterbrechender Beifall. Schräg unter uns, in der Staatsloge, wurde auch geklatscht. Ich glaube, Hans Modrow war dabei. Noch einmal eine solche Ovation am Schluß, als die Frauen, gekleidet wie heutige Dresdnerinnen, ihre aus der Haft entlassenen Männer abholen. Am Abend zuvor, dem eigentlichen Premierenabend, soll es genauso gewesen sein. In der Pause konnte man aber nicht aus der Oper hinaus. Die mächtigen Portale waren verschlossen. Wer hinaus mußte, dem wurde aufgemacht mit dem Hinweis, daß er nachher nicht mehr hereinkönne. Die Kunst sollte an und für sich frei sein dürfen. Zu spät. Drinnen und draußen: Frühling im Herbst.

Wenn man nach nicht ganz zwei Wochen Dresden wieder verläßt, fühlt man sich alles andere als wohl. Nicht daß man dort gebraucht würde. Es ist auch anders, als wenn man sonst aus einem Land wegreiste und dort Leute zurückließ, die es schwerer haben würden als man selber. Wir haben in Dresden Leute kennengelernt, von denen wir Wochen vorher noch nichts wußten. Jetzt fiel es schwer, sie zu verlassen. Man muß sagen: sie zurückzulassen. Es war eine ungewöhnliche Nähe entstanden.

Man traut es sich ja kaum noch zu sagen, aber das muß auch damit zu tun haben, daß man Landsleute zurückließ. Deutsche. An uns zwei Westlern zerrte die Abreise, das ist sicher. Wir genierten uns. Wir waren wütend auf alles, was Politik heißt. Wir fanden es zum Kotzen, daß wir uns trennen mußten von Leuten, denen wir uns nah fühlten. Wir konnten ja nicht sagen: Besucht uns im Januar oder Mai. Also sollten wir wieder hinüberfahren? Uns ist die Einreise leichtgemacht worden. Aber die freundliche Organisationshilfe konnte nicht den Grenzschock mildern. Das *Fidelio*-Bühnenbild in Wirklichkeit.

Alle, die bei uns diese Grenze für vernünftig und endgültig erklären, sollten sie öfter einmal passieren. Wie man es fertigbringt, diese Grenze für vernünftig zu halten, wenn man drüben an einzelne Menschen denkt, die man kennt, ist mir unbegreiflich. Am allerunbegreiflichsten ist es mir, daß es Intellektuelle gibt, die von drüben gekommen sind, hier leben und dann die Grenze gelten lassen.

Also, man geht, läßt die zurück. Sie müssen alles selber vollbringen. Wie schon seit vierzig Jahren. Wir sind doch eingeschlafen in der Bundesrepublik. Wir haben bestenfalls eine Care-Paket-Haltung, meistens nur eine Missionars-Attitüde oder sonst etwas Überhebliches entwikkelt. Wir haben unsere eigenen Sorgen. Die sind groß genug. Wir haben ja nicht andauernd daran denken können, wie das ist, wenn du jahrzehntelang arbeitest und deine Arbeit ist so organisiert, daß du wenig davon hast, und dabei sollst du noch andauernd eine Art Politfrömmigkeit produzieren, die dir, weil Heucheln anstrengt, in der Seele weht tut.

Warum sind die zu unsereinem überhaupt noch so

freundlich? Wie leicht es es, eine autofeindliche Naturandacht zu pflegen, wenn man nicht zwölf bis fünfzehn Jahre auf einen Trabi warten muß. Und wer schon einen Trabi hat, der hat Humor und einen Aufkleber: Wenn ich groß bin, werde ich ein Cadillac. Sie arbeiten wie wir. Aber sie haben nicht das davon, was man heute davon haben kann. Sie werden seit vierzig Jahren an Leib und Seele geschädigt, weil sie in der falschen Gegend Deutschlands geboren wurden. Die unverbildete Frau: »... wir hatten ja als Volk insgesamt den Krieg verloren.«

Das einzige, was wir für sie tun können, wäre, das Ausland andauernd darauf hinzuweisen, daß da Millionen Menschen das Selbstbestimmungsrecht immer noch vorenthalten wird. Und davon, wie auf diesen Hinweis reagiert wird, sollten wir etwas abhängig machen. Am besten alles. Das Wort Wiedervereinigung ist ein Adenauer-Wort, das können wir vergessen. Nur die drüben haben zu entscheiden, was mit ihnen geschieht.

»Balkon Europas« nennt man die Brühlsche Terrasse in Dresden, von der man auf die Elbe hinschauen kann, die wegen ihres Chemieanteils nie mehr gefriert. Der erste Bürgermeister nach 1945 räumte in der entsetzlich zerstörten Innenstadt so rigoros auf, daß manche Dresdner sagen, er sei, nach dem englischen Luftmarschall Harris, der zweite Zerstörer Dresdens geworden. Er hatte den Ehrgeiz, eine »sozialistische Großstadt« zu bauen. Das Ergebnis dieses Planungseifers kann nur traurig stimmen. Das hat ja auch mit Sozialismus wenig zu tun; das ist zentralistische Verfügung. Nicht an Ort und Stelle, sondern in der Zentrale, die weder Ort noch Stelle hat, entscheidet man alles.

Aber vielleicht muß man das noch ernsthafter erleben, sich schmucklos klarmachen und damit abfinden, daß man Untergangszeuge ist. Fällt mir schwer. Einer der in Italien eine Haltung dafür gefunden hat, Joachim Fest *(Im Gegenlicht)*: »Das Zerstörte weckt nicht nur Trauer über den Verlust. Fast noch bedrückender ist die Ahnung des Häßlichen, das an seine Stelle treten wird.«

Trotz der schauderhaften Lebensleere, die dieser »sozialistische« Wiederaufbau in der Innenstadt produziert hat, kann man auf der Brühlschen Terrasse mit der Prägung »Balkon Europas« noch etwas anfangen. Die Öde der Wiederaufbaublocks kraß neben der Feinheit von Barockresten. Europa zerspringt fast vor innerer Kontrastspannung. Die Vorstellung, daß diese irrsinnige Spannung von Politikern gelöst werden soll, ist, nach aller Erfahrung, schwer zu ertragen. Wir haben vielleicht zu viel delegiert. Ein Stück zurück zur unmittelbaren Demokratie.

Was auch immer die Dresdner, die Leipziger, die Ostberliner aus ihren vierzig DDR-Jahren machen werden, es wird nicht das sein, was der jetzige Staatsratsvorsitzende Honecker beim Jubiläum beschwor. Die finsterste Veranstaltung dieses Jubiläums war wohl die Übergabe einer in England produzierten zweibändigen DDR-Enzyklopädie an Erich Honecker. Der englische Medienriese Maxwell war persönlich erschienen. Vor laufenden Kameras sagte er gut deutsch und ganz unaufgefordert: »Die zwei deutschen Staaten müssen bleiben. Vereinigung kommt nicht in Frage.« Das wird aber weder in London noch in Bonn, sondern in Sachsen, Thüringen, Mecklenburg entschieden. Wenn man auf keine Politik

Rücksicht nehmen müßte, wenn die Leute in beiden Teilen einfach und ohne solche Grenze reden dürften miteinander, als Deutsche zum Beispiel, dann wäre schnell ein Bund gefunden. Wenn, zum Beispiel, nur die Länder miteinander redeten, ohne Bonn und Ost-Berlin. In Richtung Weimar. Wir könnten wieder anfangen in Weimar. Washington hat kleiner angefangen. Unser Ziel: DBR (Deutsche Bundesrepublik). Das kann noch lange dauern, nur anfangen müßten wir. Ohne Angstverbreitung. In Dresden wurde Pizarro nicht verhaftet, er ging wirklich ab durch die Mitte in den Ruhestand der Namenlosigkeit. Laßt die Länder miteinander sprechen. Sachsen, zum Beispiel, pfeift auf Berlin.

Die drüben haben lange genug dafür gebüßt, daß sie die Deutschen waren, die einem Bekehrungsimperialismus unterworfen wurden. Jetzt demonstrieren sie der ganzen Welt, daß der »Balkon Europas« zum europäischen Haus gehört und daß sie in diesem Haus in der deutschen Wohnung wohnen wollen. Sie reisen ja, wenn sie es drüben nicht aushalten, nicht nach USA wie andere aus Ostländern Ausreisende, sondern nach Stuttgart und Köln. Das ist eine deutliche Wahl; auch dann, wenn sie keine andere haben. Gerade dann! Eine bei uns auftrumpfende, dort sich reaktionär verschanzende Politik kann alles noch verderben.

Es gibt keinen Erfolg zu feiern und keinen Mißerfolg zu kaschieren, sondern die Nachkriegszeit zu beenden. Wir waren dem Frieden noch nie so nah. Zum ersten Mal seit 1945 haben es die Deutschen selber in der Hand, sich einzurichten. Man nehme Gorbatschow beim Wort. Er hat jetzt beim Jubiläum gesagt: »Vor allen Dingen sollten unsere westlichen Partner davon ausgehen, daß die Fragen, die die DDR betreffen, nicht in Moskau, sondern in Berlin entschieden werden.« Und die Beziehung zur DDR hat er so charakterisiert: »Gleichberechtigung, Eigenständigkeit, Solidarität – das bestimmt heute den Inhalt dieser Beziehungen.« Und Gorbatschows Sprache ist seit Jahren von allen Politikersprachen die lebendigste, die am wenigsten beschädigte. Erich Honecker zu hören – trauriger kann nichts stimmen. Daß sich der ehrenwerteste Antifaschismus als Legitimationsquelle politischen Handelns so verbrauchen kann! Das ist nur noch: instrumentalisierter Antifaschismus. In seiner Festrede haben nur noch unsere Republikaner gezählt, sonst nichts.

Ein Kellner in Dresden schilderte uns, wie das Leben seines Sohns verlaufen werde, wenn alles so weitergehen würde wie bisher. Das war die trostloseste Perspektive, der ich je ausgesetzt war.

Warum wagen wir nicht, dem mit uns befreundeten Ausland zu sagen, daß wir unsere Landsleute diesen Zuständen nicht länger aussetzen wollen? Warum sagen wir nicht, daß das unsere Landsleute sind? Deutsche nämlich. Wir haben keinen Vertretungsanspruch, aber wir sind solidarisch mit denen drüben. Unsere Politiker sitzen jahraus, jahrein an internationalen Tischen und verhandeln über Milchmeere und Butterberge, wenn aber die sogenannte deutsche Frage durch die Not unserer Landsleute in die Fernsehoptik der Welt gerät, stellt sich sofort heraus – und wird von der SED-Presse gern gemeldet –, daß Frankreich und England strikt gegen deutschdeutsche Einigungen sind. Sie sind also ganz und gar unvorbereitet auf das Nötigste, auf das Notwendige. Unseren engsten westlichen Freunden, das heißt den Politikern dieser Länder, ist das Unglück unserer Landsleute gleichgültiger als die Rückseite des Mondes. Sie haben ein paar Legitimationsformeln im Kopf, nach denen alles so zu bleiben hat, wie es ist. Daß das so ist, das ist unsere Schuld und Schande. Wie lange noch?

11. November 1989

Zum erstenmal in diesem Jahrhundert, daß deutsche Geschichte gut verläuft. Zum erstenmal, daß eine deutsche Revolution gelingt. Die Deutschen in der DDR haben eine Revolution geschaffen, die in der Geschichte der Revolutionen wirklich neu ist: die sanfte Revolution. Das ist eine Revolution, die die Leute selbst vollbringen, ohne importierte Theorie. Diese sanfte Revolution wird die Welt davon überzeugen, daß die Deutschen eine neue politische Form brauchen. Nachkriegszeit und Kalter Krieg haben gedauert bis zum 9. November 1989. Wir sind jetzt friedfertig. Und kämen jetzt alle Deutschen herüber, sie wären alle willkommen. Wir haben etwas gutzumachen an ihnen. Wo jeder schließlich bleibt, wird sich finden. Jetzt ist es wichtig, daß wir mit unseren Landsleuten vollkommen solidarisch sind. Zuerst richten wir uns jetzt das deutsche Zimmer ein, bevor wir vom europäischen Haus reden. Und wenn es zwei Zimmer werden sollten, so müßten sie doch enger miteinander verbunden sein als die anderen Zimmer dieses Hauses. Jetzt ist die Zeit, glücklich zu sein, sich zu freuen, daß Deutschen auch einmal Geschichte gelingt.

Deutsche Sorgen

Jeder von uns hätte etwas anderes zu tun. Das Leben hat Konjunktur. Die Politik ist eine schon fast schmerzliche Einschränkung auf einen Auschnitt. Aber was in diesem Ausschnitt passiert, ist leider das Wichtigste. Und schon ist man wieder dabei und gafft und gibt zu, daß man das nicht versäumen darf. Eine neue Rolle für Zeitgenossen: Zuschauerin und Zuschauer. Man begreift von Abend zu Abend mehr, daß die sanfte Revolution in Leipzig, Dresden, Ost-Berlin nicht so stattfinden könnte, wenn die Fernsehkameras nicht dabei wären. Eine Bedingung dieser unheimlichen Friedlichkeit ist die Öffentlichkeit. Wir sind Zeugen. Geschichte live. Das ist dann doch etwas ganz anderes als Politik. Störend in diesen Bildern von gelingender deutscher Geschichte: die BRD-Vertreter, wenn sie auftreten wie Sieger. Sieger wirken wahrscheinlich immer unangenehm. Unsere Politiker, Publizisten und so weiter, die jetzt über die DDR triumphieren, wirken peinlich bis scheußlich. Ekelerregend der Fernsehjournalist, der den neuen Generalsekretär nicht interviewt, sondern verhört. Dieses angemaßte Bessersein! Das Fernsehen ist ein Medium der Information, nicht der Rechtsprechung. Und die DDR ist nicht der arme Vetter, der es zu nichts gebracht hat, sondern der Bruder, der erwischt wurde und auch für uns den Kopf hinhielt.

Die Leute in der DDR erklären sich zum Volk. Das Wort ist unseren vom Mißbrauch eingeschüchterten Lippen fremd geworden. Jede Sprache, die sich nicht soziologisch sterilisieren ließ, verfiel bei uns sofort dem entsetzlichsten Verdacht. Genaueres Hinschauen nicht nötig. Wer statt *Gesellschaft Volk* sagt, darf, nein, der muß niedergeschimpft werden. Jetzt gibt es also das DDR-Volk. Es will einen anderen Staat. Ob es mit uns in einem Staat leben möchte, wissen wir nicht. Nach dem, was wir jetzt erlebt haben, wissen wir nur, daß das DDR-Volk sich keinen Staat mehr verpassen läßt, in dem es nicht leben will. Keine Partei mehr, die alles, was sie verbricht, mit marxistischem Wahrheitsmonopol legitimiert. Wir haben erlebt, daß das demokratische Ausdrucksmittel *Demonstration* zu unerwarteten Genauigkeiten fähig ist. Hunderttausende, also Massen, haben sich wahrhaftiger und genauer, also richtiger ausgedrückt als alle Intellektuellen. Dann sind sie herübergekommen, ein Bier zu trinken, 100 Mark auszugeben, Leute auf unserer Seite zu umarmen. Hat es solche Umarmungen nach Polen hin auch gegeben? Haben DDR-Bürger in Budapest Ungarn auch so umarmt? Oder ist es schon wieder verdächtig zu vermuten, daß in Hof, Berlin und Lübeck Deutsche einander umarmten? Ich habe diese Umarmungen erlebt als Geste des Wiedersehens. So lacht und weint man nicht, wenn man nicht daheim ist. Eine selbstverständliche Zusammengehörigkeit durfte sich endlich ausdrücken. Nach achtundzwanzig beziehungsweise nach vierzig Jahren. Um das Staunen nicht zu verlernen, muß man angesichts des deutsch-deutschen Zusammenflutens daran denken, welche Feindseligkeiten in diesen beiden Staaten vierzig Jahre lang gezüchtet wurden! Der exzentrischen Schauspielerin Aurelie legt Goethe im *Meister* in den Mund: »Ich muß es eben bezahlen, daß ich eine Deutsche bin; es ist der Charakter der Deutschen, daß sie über allem schwer werden, daß alles über ihnen schwer wird.« Wenn gegen Ende des 18. Jahrhunderts so bestimmte Aussagen möglich waren, ist es doch seltsam, daß sich heute viele Intellektuelle der deutschen Frage gern mit der Begründung entziehen, Deutschland müsse es heute nicht mehr geben, da es ja früher auch keins gab. Nur eben in den unrühmlichen Jahren 1871 bis 45, also bitte.

Eine Nebenbemerkung: Ich habe versucht, auszudrücken, daß man ein Geschichtsgefühl haben kann, das weiter zurückreicht als ins Jahr 1871. Das Wort *Geschichtsgefühl* reizt bei Intellektuellen offenbar die Hohndrüse. Unter *Bewußtsein* tun sie's nicht. Sie sind stolz und scharf darauf, mit dem Kopf zu denken. Ich halte mich zwar auch für einen Intellektuellen, behaupte aber doch, *Geschichtsbewußtsein* sei kein bißchen weniger metaphorischer Sprachgebrauch als *Geschichtsgefühl. Geschichtsbewußtsein* hält sich vielleicht nur deshalb für zuverlässiger, weil es als Wort den, der mit ihm umgeht, in eine Wolke der Rationalität einlullt. Auch so eine Metapher: Rationalität. Vielleicht muß mancher eben Fichtes *Wissenschaftslehre* doch zweimal lesen, um zu bemerken, daß Geisteswissenschaft metaphorisch operiert. Als sie meine Unfähigkeit, die deutsche Teilung anzuerkennen, zu tadeln hatten, wiesen drei aufklärerisch auftretende Intellektuelle, ganz unabhängig voneinander, heftig darauf hin, daß ich doch vom Bodensee stamme und dort jetzt auch noch wohne. Das hieß deutlich: Und so einer kümmert sich um die deutsche Einheit! Mir kommt dieser Hohn nicht so aufklärerisch vor, wie er gemeint war, weil er sich von einem verwitterten Klischee nährt, das die Blut- und Bodeningredienzien nicht verbirgt. Daß die aufklärerisch gesonnenen Kollegen das nicht bemerkten, zeigt nur, daß nicht nur Liebe, sondern auch Zorn unser Sehvermögen eher einschränkt als steigert. Das Zusammenleben der deutschen Länder hat in vielen Jahrhunderten immer nach Ausdrucksformen gesucht, die der Epoche, nicht nur in Deutschland, gemäß waren. Dazu gehörte in der Epoche des europäischen Imperialismus eine Zeit lang jenes deutsche »Reich«. Zu unterstellen, man träume vom »Reich«, wenn man für EINEN Bund der deutschen Länder ist – ein für die SPD denkender Intellektueller hat das genußvoll getan –, zeigt nur, wie schnell wir uns, wenn es um die deutsche Sache geht, in Positionen begeben, die eine möglichst weitgehende Verurteilung des Andersdenkenden ermöglichen. Ende der Nebenbemerkung.

Was unsere Politiker, unsere Medien, unsere Literatur, unsere Philosophie, unsere Filme der Welt nicht vermitteln konnten, diese sanfte Revolution hat es fertiggebracht: der Stand der deutschen Dinge ist offenbar geworden. Auch in Paris und Marseille haben Zuschauer vor den Fernsehapparaten geweint. Das angejahrte und aus schlimmster Erfahrung mit den Deutschen stammende Mißtrauen hat sich mit jeder Stunde Zeugenschaft in Verständnis, Rührung und Zustimmung verwandelt. Die Politiker – das ist eine Unterstellung – haben um so zustimmender reagiert, je mehr sie für unmittelbare Demokratie aufnahmefähig sind. Also: Mitterand und Bush haben zustimmender reagiert als London und Moskau. Das heißt: In Paris und Washington war – ich weiß nicht, für wie lange – die deutsche »Wiedervereinigung« plötzlich kein Alptraum mehr. Gorbatschow hat zwar als der gelehrige Schüler seiner eigenen Aufbruchsphantasie im Oktober in Ost-Berlin gesagt, was in der DDR geschehe, werde in Berlin und nicht in Moskau entschieden, aber als es dann geradezu irrsinnig prompt so weit war und die Ost-Berliner tatsächlich anfingen, selber zu entscheiden, wurden Gorbatschow und seine Mitarbeiter wieder ganz ganz vorsichtig. Daraus wird klar: auch Gorbatschow ist es lieber, die Politiker entscheiden und nicht das Volk. Die Deutschen sind eine Nation, heißt es jetzt in Moskau, aber das sollen sie gefälligst in zwei Staaten sein. Die einschüchternde Begründung: die Nachkriegsgrenzen sind unverrückbar. Das ist der jetzt am häufigsten genannte Grund; in der DDR, in Moskau, in London und sonstwo. Diese durch den Krieg entstandenen Grenzen hätten vierzig Jahre Frieden garantiert. Mir kommt es so vor, als seien Grenzziehungen, die durch Kriegsverlauf zustandegekommen sind, nicht schon durch die Art, wie sie zustandegekommen sind, anerkennenswert. Das sogenannte »Dritte Reich« war ein Unrechtsgebilde, ein Verbrechen also, trotzdem ist nicht alles, was die als Befreier wirkenden Sieger mit der Konkursmasse Deutschland anfingen, von bleibendem Wert. Was allein hat der Kalte Krieg diesem Kriegsergebnis hinzugefügt! Die deutsch-deutsche Grenze ist ja ebenso ein Produkt des Kalten Krieges wie des Zweiten Weltkriegs. Darüber schummeln sie sich immer weg, im Ausland und im Inland. Und dem Kalten Krieg auch nur im mindesten eine Vernunft nachzusagen, ist schlechthin unmöglich. Der Kalte Krieg war unsere zeitgenössische Version der früheren Religionskriege, also des Dreißigjährigen, zum Beispiel. Und haben die Nachbeter der Formel von der friedensgarantierenden Kraft der Grenze, die auch »Eiserner Vorhang« hieß, einmal überlegt, was das für ein Frieden war, den diese Nachkriegsgrenze garantierte! 40 Jahre Kalter Krieg: das hat diese Grenze gebracht, die wir jetzt, um ihrer friedensstiftenden Qualität willen, anerkennen sollen! War eine Grenze je grausamer als diese? Der Kalte Krieg hat einen Rüstungswahnsinn produziert, der jährlich Millionen Menschen verhungern ließ. Millionen sind umgebracht worden in den *begrenzten Kriegen* in Korea und Vietnam, die zur Philosophie des Kalten Krieges gehörten. Und diese aus christlichen Kreuzzugsphantasien und marxistischem Weltbekehrungswahn entstandene Grenze mitten durch ein Land sollen wir als vernünftig hinnehmen!? Wahnsinn! Was diese Grenze geleistet hat, ist nirgends so erlebbar geworden wie in den Polarisierungszwillingen Adenauer und Ulbricht. Es muß beiden noch im Grab gleich weh tun, in einem Atemzug genannt zu werden. Schuld sind beide gleich wenig. Schuld sind die zwei Wahrheitslager, die Religionsquartiere, die mit politisiertem Christentum und messianisiertem Marxismus die Verweltlichung der Welt für ein weiteres Mal verhinderten. Utopie sollte regieren, so blutig und böse wie immer. Jetzt möchte man endlich im Namen der Gegenwart Säkularisierung fordern.

Ganz zweifellos ist die Oder-Neiße-Linie eine wesentlichere, geschichtlich qualitätsvollere Grenze als die, die mitten durch Deutschland geht. Die deutsch-deutsche Grenze war und ist eine verrückte, blödsinnige, künstliche Linie. Die mieseste Grenze der Welt. Nein, das war sie. Sie existiert nur noch zum Schein. Die sanfte Revolution des DDR-Volks hat der ganzen Welt die Illegitimität dieser Grenze bewiesen. Und trotzdem soll sie bleiben? Darf das einem nicht wieder verrückt vorkommen? Jeder kommt sich realistisch vor, wenn er diese Grenzgroteske mit den beiden Militärbündnissen rechtfertigt, die mitten in Deutschland aufeinander stoßen. Das kommt vom Krieg. Den haben wir verschuldet. Aus. So läuft die Formel. Zur gleichen Zeit redet der Realist aber vom Europäischen Haus. Europa gehe bis zum Ural. Wir werden schönstens integriert, also wahrhaft aufgenommen. Aber was ist das für ein Europäisches Haus, das von zwei Militärbündnissen gespalten wird? Nato und Warschauer Pakt sind Folge des völlig idiotischen Kalten Kriegs. Haben wir den nicht hinter uns? Wir sind doch gerade dabei, friedfertig zu werden. Zum ersten Mal gelingt Abrüstung. Warum dann nicht eine hellere Formel: Die deutsch-deutsche Grenze ist so sinnvoll wie zwei Militärblöcke in dem einen Europäischen Haus. Und ein Europäisches Haus mit zwei gegeneinander wirkenden Militärbündnissen ist kein Haus, sondern eine Falken-Voliere. Es gibt das Volk. Das ist jetzt bewiesen. Also darf diesen Sandkastenmonstren nicht mehr erlaubt werden, ihre paranoiden Konstruktionen zu unserem Realitätsprinzip zu machen. Und schon marschiert die nächste Formel auf: 75 Millionen Deutsche in einem Staat – das ist zuviel. Aber ein in Europa vollkommen integrierter Deutscher Bund ist dank seiner Verflochtenheit militärisch und politisch doch wirklich harmlos. Die Integration nimmt mit jedem Tag zu. Das Schreckbild der

75 Millionen Deutschen stammt aus hegemonialen, imperialistischen Zeiten. Aber eben die in jeder Hinsicht zu überwinden, wachsen wir doch ins Europäische hinein. Schon die Wirtschaft wird für eine gegenseitige Durchdringung sorgen, die uns von unseren Erbübeln einigermaßen erlöst. Eine Art amerikanischer Vielfalt und Weite ist auf diesem Kontinent vom Ural bis zum Atlantik wirklich vorstellbar. Und wie viele Kulturen existieren in Amerika von Neuengland bis Neumexiko konfliktreich zusammen! Wenn jetzt also zum Glück so viel von Europa geredet werden kann, so ist das AUCH eine deutsche Möglichkeit, das deutsche Katastrophenprodukt in etwas Besseres fortzuentwickeln. Kein bißchen Wiedervereinigung! Aber auch kein bißchen Anerkennung der aus nichts als mißlungener Geschichte entstandenen deutsch-deutschen Grenze!

Es ist schwer, das Selbstverständliche noch einmal anders auszudrücken. Sollen sie doch einmal die millionenfachen Verwandtschaftsbeziehungen zwischen den deutschen Teilen zusammenzählen. Sollen sie eine Volksabstimmung zulassen. Wichtig genug wäre das Thema. Schon die Frage, ob Deutsche das Selbstbestimmungsrecht nicht in einer Abstimmung ausüben können sollten, wurde mir von einem zornigen Kollegen als *Stammtisch* disqualifiziert. Aus der DDR schreibt mir jetzt jemand, der offenbar die innerdeutsche Grenze auch nicht vernünftig finden kann: »Wer in den letzten zwei Jahrzehnten sich für eine friedliche Einheit der beiden Staaten ausgesprochen hatte, wurde sofort als konterrevolutionär, Feind des Sozialismus und auch als Anhänger des Faschismus hingestellt. Und in dieser Ecke es auszuhalten, war wahrlich nicht einfach.« Prangerproduktion also dort und hier.

Im Augenblick ist man bei uns fein heraus, wenn man alles ins Europajahr 92 verschiebt und so tut, als löse sich da auch Innerdeutsches ganz von selbst. CDU- und SPD-Sprecher reden zur Zeit enorm vertröstungssicher und vertrauenheischend von diesem Prozeß. Mir kommt es vor, als seien diese Sprecher zu lange mit Automatik gefahren. Als gebrannter Zeitgenosse muß ich da an die fünfziger Jahre denken. Damals ging die Formel so: Aus Westintegration folgt Position der Stärke, aus Position der Stärke folgt Wiedervereinigung. Ob Stalinnote und Grotewohlbrief in den fünfziger Jahren nicht doch eine von uns verpaßte Gelegenheit war, verfiel dann der Exegese in den Seminaren. Behandeln wir wieder eine Gelegenheit so, daß wir später wieder lang und breit beweisen können, es sei keine gewesen? Man kann wahrscheinlich nicht andauernd nuscheln, um dann immer erst hinterher laut mitzuteilen, was man damals genuschelt habe. Bis zu diesem Augenblick hat keiner unserer Politiker sich so deutlich gemacht wie Klaus von Dohnanyi. Von seinen drei gleichermaßen schätzenswerten Präzisierungen hier nur die erste, als Beispiel für die jetzt fällige Deutlichkeit: »Wir wollen die staatliche Vereinigung der beiden deutschen Staaten in einem freien Europa, und zwar über den Weg der Selbstbestimmung in der DDR und in Ost-Berlin.« Wie könnte man das Selbstverständliche selbstverständlich machen? Offenbar ist das das Schwierigste. Die mißlungene Geschichte soll den Ausschlag geben. So wie es nicht hätte kommen dürfen, soll es bleiben. Den in der Bundesrepublik erprobten Föderalismus kann man doch anbieten, der hat sich bewährt. Wenn nur nicht, aus welch ehrwürdigen Bedenken auch immer, die Status-quo-Mentalität den Ausschlag gibt. Wenn wir uns nur nicht Europa gegenüber so in eine Zweistaatlichkeit hineinreden, daß dann wieder 40 Jahre lang nichts mehr geht. Wenn wir nur vor jedem Gremium zu fragen wagen, womit, bitte, die Zweistaatlichkeit gerechtfertigt werden kann. Wenn wir uns nur angewöhnen, ein Europäisches Haus erst für eine Unterkunft zu halten, wenn es keine gegeneinander wirkenden Militärblöcke mehr enthält. Wenn die Auflösung dieser Blöcke Zeit braucht, dann darf in dieser Zeit eben auch keine deutsch-deutsche Grenze festgeschrieben werden. Die Auflösung der Militärblöcke und die Auflösung der deutsch-deutschen Grenze sind aneinander gebunden. Das sollte unser Ceterum censeo sein. Die Geschichte ist ein Prozeß, der zu keinem Zeitpunkt Fertigprodukte liefert. Es ist nach unserer Geschichte verständlich, daß wir dazu neigen, den Augenblick zum endgültigen zu erklären, der für uns der ungünstigste war. Aber wäre es nicht auch naheliegend, die Verantwortung für das, was Deutsche getan haben, gemeinsam zu übernehmen? Reizt das denn gar nicht: der Welt ein friedfertiges, friedvolles Deutschland zu bieten? Eins, das wirklich viel tun könnte für die Welt, in der Not die Tagesordnung diktiert. Und für uns im Westen wären die DDR-Deutschen, wenn wir *eine* Verantwortungsgemeinschaft wären, wirklich erwünscht. Das erlebt man in der DDR: dort ist nicht jeder in sich selbst gefangen wie bei uns. Wir könnten bei unseren Landsleuten Solidarität lernen. Das ist eine Art Freundlichkeit, die im Westen irgendeiner Wohlstandssäure zum Opfer gefallen ist. Wenn wir nur nicht – und sei's aus ehrwürdigen Gründen – klein beigeben und eine Gelegenheit versäumen, die, im Unterschied zu den fünfziger Jahren, nicht nur vielleicht eine, sondern wirklich eine ist. Offenbar gehört das auch zu diesem Prozeß, den wir Geschichte nennen, daß eine Gelegenheit, wenn sie versäumt wird, keine mehr ist. Das Volksfest an der Mauer. Baumelnde Füße und lachende Polizisten. Das haben wir erlebt. Deutsche Geschichte darf auch einmal gut gehen. Baumelnde Füße. Lachende Polizisten. Leute, die einander nie gesehen haben, umarmen einander. Diesem Niveau muß Politik jetzt entsprechen.

Drucknachweise

1. *Händedruck mit Gespenstern*
in: Stichworte zur ›Geistigen Situation der Zeit‹, Bd. 1: Nation und Republik. Herausgegeben von Jürgen Habermas. Frankfurt/M. 1979.

2. *Auschwitz und kein Ende*
Rede zur Eröffnung der Ausstellung »Überleben und Widerstehen«. Zeichnungen von Häftlingen des Konzentrationslagers Auschwitz 1940–46. (Erstdruck im Ausstellungskatalog, hg. von der »Deutsch-Polnischen Gesellschaft der Bundesrepublik Deutschland e. V.«, 1979)

3. *Der unterirdische Himmel*
Rede zum 25jährigen Bestehen des Deutschen Literaturarchivs in Marbach. (Erstdruck in *Rheinischer Merkur/Christ und Welt*, 26. 9. 1980)

4. *Was ist ein Klassiker?*
in: Warum Klassiker? Ein Almanach zur Eröffnung der Bibliothek deutscher Klassiker. Herausgegeben von Gottfried Honnefelder. Frankfurt/M. 1985.

5. *Über Macht und Gegenmacht*
Rede zur Gründung der IG Medien am 3. 12. 1985 in Düsseldorf. (Erstdruck in *HFF-Zeitschrift* der Rundfunk-Fernseh-Film-Union in der Gewerkschaft Kunst im DGB. Jan./Feb. 1986)

6. *Ausflug ins Charakterlose*
(Erstdruck im *FAZ-Magazin*, Heft 400, 30. 10. 1987)

7. *Über Deutschland reden. Ein Bericht*
Rede, gehalten am 30. 10. 1988 in den Kammerspielen in München in der Reihe »Reden über unser Land«. (Erstdruck in *Die Zeit* vom 3. 11. 1988)

8. *6. Oktober 1989*
(Erstdruck in *Frankfurter Allgemeine Zeitung* vom 8. 10. 1989)

9. *Kurz in Dresden*
Einige Szenen aus dem deutschen Frühling im Herbst.
(Erstdruck in *Die Zeit* vom 20. 10. 1989)

10. *11. November 1989*
(Erstdruck in *Frankfurter Allgemeine Zeitung* vom 11. 11. 1989)

11. *Deutsche Sorgen*
(Erstdruck in *Frankfurter Allgemeine Zeitung* vom 5. 12. 1989 unter dem Titel *Vom Stand der deutschen Dinge*)

+ in the middle of the
healing process. Incredible
emotion. Sense of loss.
Alles ist nach der
Wende zusammen-
gebrochen.